BIBLIOGRAPHISCHER DIENST
STAAT UND RECHT

Herausgeber:
DEUTSCHES INSTITUT FÜR RECHTSWISSENSCHAFT
Potsdam-Babelsberg

Jahrgang 1955 Dezember Nummer 2

AKADEMIE-VERLAG GMBH · BERLIN

Bezug des Bibliographischen Dienstes
Erscheinungsweise: zweimonatlich
Preis pro Heft 3,70 DM

Bestellungen durch eine Buchhandlung erbeten.

Auslieferungen:

Für das Gebiet der Deutschen Demokratischen Republik: LKG — Leipziger Kommissions- und Großbuchhandel, Leipzig C 1, Leninstraße 16

Für das Gebiet der Bundesrepublik Deutschland: KUNST UND WISSEN — Inh. Erich Bieber, Stuttgart N, Hospitalstraße 33 a.

Für das gesamte Ausland: Deutsche Buch-Export und -Import GmbH., Leipzig C 1, Postschließfach 276 oder Akademie-Verlag GmbH., Berlin W 8, Mohrenstraße 39.

Anschrift der Redaktion:
Deutsches Institut für Rechtswissenschaft, Abt. Bibliothek,
Potsdam-Babelsberg, Karl-Marx-Straße 2

Bearbeiter: Dr. Renate Bellmann und Helmut Luft
Transkription: Bibliothekarisch und phonetisch

Inhaltsverzeichnis:

A. BIBLIOGRAPHIE AUS ZEITSCHRIFTEN DER DEUTSCHEN DEMOKRATISCHEN REPUBLIK, DER SOWJETUNION UND DEN LÄNDERN DER VOLKSDEMOKRATIE

Diese Bibliographie enthält eine Auswahl einschlägiger Artikel aus folgenden Zeitschriften: 1)

a) Deutschsprachige Zeitschriften

Ahdl.	= Der Außenhandel, Berlin	1955,H.11-15
Altertum	= Das Altertum, Berlin	1955,H.2
Arb.	= Die Arbeit, Berlin	1955,H.6-7
Aufb.	= Aufbau (Kulturpolitische Monatsschrift), Berlin	1955,H.5-7
A.u.S.	= Arbeit und Sozialfürsorge, Berlin	1955,H.13-16
Ber.Dt.Wirtsch.Inst.	= Berichte des Deutschen Wirtschaftsinstituts, Berlin	1955,H.10-12
ddz	= Dokumentation der Zeit, Berlin	1955,H.95-100
Dem.Aufb.	= Demokratischer Aufbau, Berlin	1955,H.10-13
DFW	= Deutsche Finanzwirtschaft, Berlin	1955,H.12-15
Dt.Ldwi.	= Die deutsche Landwirtschaft, Berlin	1955,H.6-8
Dt.Zs.Philos.	= Deutsche Zeitschrift für Philosophie, Berlin	1955,H.2-3
Einh.	= Einheit, Berlin	1955,H.7
EuV	= Erfindungs- und Vorschlagswesen, Bln	1955,H.11-16
Forum,Wiss.Beil.	= Wissenschaftliche Beilage des Forum, Berlin	1955,H.15.17-18
Gew.Akt.	= Das Gewerkschaftsaktiv, Berlin	1955,H.13-16
Grds.Fr.KG	= Grundsätzliche Fragen der KG, Berlin	1955,H.5-7
Hdl.	= Der Handel, Berlin	1955,H.13-15
Hswesen	= Das Hochschulwesen, Berlin	1955,H.4-6
Mat.Wirtsch.	= Die Materialwirtschaft, Berlin	1955,H.9-12
Mtbl.VDJD	= Mitteilungsblatt der Vereinigung demokratischer Juristen Deutschlands, Berlin	1955,H.2-3
Nat.	= Die Nation, Zeitschrift für Theorie und Praxis Nationaler Politik, Berlin	1955,H.1-7
NJ	= Neue Justiz, Berlin	1955,H.13-17
N.Zeit	= Neue Zeit, Moskau	1955,H.25-33
N.Weg	= Neuer Weg, Berlin	1955,H.9-13

1) Die hier aufgeführten Hefte sind gemäß der Benutzungsordnung der Bibliothek des Deutschen Instituts für Rechtswissenschaft bedingt ausleihfähig.

Reporter	= Der Reporter,Berlin 1955,H.6-7
RID	= Rechtswissenschaftlicher Informationsdienst,Berlin 1955,H.13-18
Schöffe	= Der Schöffe,Berlin 1955,H.7-8
Sinn u.Form	= Sinn und Form,Berlin 1955,H.2-3
Sov.Lit.	= Sowjetliteratur,Moskau 1955,H.6
Sov.Wiss.(GA)	= Sowjetwissenschaft (GA),Berlin 1955,H.4
Stat.Prax.	= Statistische Praxis,Berlin 1955,H.6-8
St R	= Staat und Recht,Berlin 1955,H.4
Weltb.	= Die Weltbühne,Berlin 1955,H.19-31
WGBew.	= Die Weltgewerkschaftsbewegung,Berlin 1955,H.5-7 Sondernummer
Wirtsch.Wiss.	= Wirtschaftswissenschaft,Berlin 1955,H.3
Wiss.Ann.	= Wissenschaftliche Annalen,Berlin 1955,H.5-8
WZ DA	= Wissenschaftliche Zeitschrift der Deutschen Akademie für Staats- und Rechtswissenschaft "Walter Ulbricht",Berlin 1954/55,H.4
WZ Berlin	= Wissenschaftliche Zeitschrift der Humboldt-Universität Berlin,Ges.u.Sprachwiss.R., Berlin 1954/55,H.1
WZ Halle	= Wissenschaftliche Zeitschrift der Martin-Luther-Universität Halle-Wittenberg,Ges.u. Sprachwiss.R.,Halle 1954/55,H.4-5
Zs.Gesch.Wiss.	= Zeitschrift für Geschichtswissenschaft, Berlin 1955,H.2-3

b) Fremdsprachige Zeitschriften

Állam és Igazg.	= Állam és Igazgatas (Staat und Verwaltung), Budapest 1955,H.3-6
	Bér és norma (Lohn und Norm),Budapest.1955,H.2-4
Ekon.čas.	= Ekonomický časopis (Ökonomische Zeitschrift), Bratislava 1955,H.2-3
Ekon.i Org.Pracy	= Ekonomika i Organizacja Pracy (Ökonomik und Organisation der Arbeit), Warschau1955,H.5-6
Fin.SSSR	= Finansy SSSR (Finanzen der UdSSR),Moskau 1955,H.5-6
Gosp.Plan.	= Gospodarka Planowa (Die Planwirtschaft), Warschau 1955,H.4-5
J.K.	= Jogtudományi közlöny (Rechtswissenschaftliche Mitteilungen), Budapest 1955,H.5-6
J.N.	= Justiţia Nouă (Neue Justiz), Bukarest 1955,H.1-3
	Kommunist, Moskau 1955,H.9-11
Nar.kitaj	= Narodnyj kitaj (Volkschina),Moskau ...1955,H.1o
Nov.mir	= Novyj mir (Neue Welt),Moskau 1955,H.5

N.P. = Nowe Prawo (Neues Recht),Warschau 1955,H.6

Ochr.Pracy = Ochrona Pracy (Arbeitsschutz), Warschau 1955,H.5-6

P.i P. = Państwo i Prawo (Staat und Recht),Warschau 1955,H.6-8

Plan.choz. = Planovoje chozjajstvo (Die Planwirtschaft), Moskau 1955,H.3

Plan.stop. = Planovo stopanstvo (Planwirtschaft), Sofia 1955,H.3

Pr. = Právnik (Der Jurist), Prag 1955,H.6-7

Pr.obz. = Právny ovzor (Juristische Rundschau), Prag 1955,H.5-6

Probl.econ.= Probleme economice (Fragen der Ökonomie), Bukarest 1955,H.5

Przegl.Ubezp.Społ.= Przeglad Ubeszpiecznen Społecznych (Rundschau für Sozialversicherung), Warschau 1955,H.5-6

Przegl.Zagadn.Soc.= Przeglad Zagadnień Socjalnych (Rundschau für Sozialfragen), Warschau 1955,H.6

Rada Nar. = Rada Narodowa (Der Nationalrat), Warschau 1955,H.26-28

Soc.pravo = Socialisticeskoe Pravo (Sozialistisches Recht), Sofia 1955,H.4

Soc.sel.choz. = Socialističestkoe selskoe chozjajstvo (Die sozialistische Landwirtschaft),Moskau .1955,H.4-5

Soc.zák. = Socialistická zakonnost (Die sozialistische Gesetzlichkeit),Prag 1955,H.1-6

Soudce z lidu (Der Volksrichter),Prag .1955,H.1-5

Sov.gos.pravo =Sovetskoe gosudarstvo i pravo (Sowjetstaat und Sowjetrecht),Moskau 1955,H.4

Sov.profs. = Sovetskie profsojusy (Die Gewerkschaften), Moskau 1955,H.6

Sov.věda = Sovětska věda stát a právo (Sowjetwissenschaft Staat und Recht),Prag 1955,H.3-4

Vestn.A.N.SSSR = Vestnik Akademii nauk SSSR (Nachrichten der Wissenschaften der UdSSR) Moskau 1955,H.5-6

Vješ.torg. = Vješnjaja torgovlja (Der Aussenhandel), Moskau 1955,H.6

Vopr.ekon. = Voprosy ekonomiki (Fragen der Ökonomie), Moskau 1955,H.5-6

Vopr.fil. = Voprosy filosofii (Fragen der Philosophie) Moskau 1955,H.3

Vopr.ist. = Voprosy istorii (Fragen der Geschichte), Moskau 1955,H.6-7

Zahr.Obch. = Zahranicni Obchod (Der Aussenhandel), Prag 1955,H.5-6

Zycie Gosp.= Zycie Gospodarcze (Wirtschaftsgeschehen), Warschau 1955,H.12-13

1.Marxismus-Leninismus [1]

Ai Sy-ci(Ai Si-zi): Der Kampf gegen die bürgerliche Ideologie in Volkschina. (Kommunist,1955,H.11,S.86-98)

Albrecht,E.;W.Mönke.u.a.: Über das Verhältnis des Marxismus zur Philosophie Hegels. (Dt.Zs.Philos.,1955,H.2, S.225-241;H.3, S.347-357

Celikova,O.(Zelikowa,O.): Die Prinzipien der kommunistischen Moral sind auf breiterer Ebene zu propagieren. (Kommunist,1955, H.1o, S.1o3-1o7)

Eisenreich,H.: Zum Studium des Lehrbuches "Politische Ökonomie". (Arb.,1955,H.6,S.4o8-412)

Lukacs,G.: Das Besondere im Lichte des dialektischen Materialismus. (Dt.Zs.Philos.,1955,H.2, S.157-189)

Pieck,W.: Einheit der Arbeiterklasse verbürgt den Sieg (1o Jahre FDGB). (Arb.,1955,H.6, S.363-365)

Seleznev,K.L. (Selesnjow,K.L.): Neue Forschungen zur Geschichte der Entstehung des Marxismus (Dissertationen). (Vopr.ist.,1955, H.7, S.163-174) 3

Titarenko,S.: Der sozialistische Internationalismus - die Ideologie der Freundschaft der Völker. (Kommunist,1955,H.11, S.97-11o) 5

Višnjakov,A. (Wischnjakow,A.): Die kommunistische Wahrheit im Kampf für die Entfaltung der Aktivität und der schöpferischen Initiative der Massen. (Kommunist,1955,H.11, S.3o-46) 2

2.Theorie des Staates und des Rechts

Baumgarten,A.: Das Naturrecht in alter und neuer Zeit.(WZ Halle, 1954/55,H.5, S.585-59o)

Benjamin,H.: Recht und Rechtsbewußtsein(2). (Schöffe,1955,H.7, S.197-2o1)

Ivanov,V.E. (Iwanow,W.E.): Der Föderalismus - ein Deckmantel des bürokratischen Zentralismus des unitarischen Staates der USA. (Sov.gos.pravo,1955,H.1, S.85-94;deutsch: RID,1955,H.16, Sp. 447-457) 6,7

Kalinyčev,F. (Kalinytschew,F.): Die Rolle des sozialistischen Sowjetrechts bei der Festigung des Bündnisses zwischen der Arbeiterklasse und der Bauernschaft. (Kommunist,1955,H.8, S.36 ff; deutsch: RID,1955,H.18, Sp.519-534)

Klenner,H.: Gegen die Technisierung von Recht und Rechtstheorie. (NJ, 1955,H.15/16, S.483-485)

Lachout,V.: Die juristische Literatur ist von politischen und ideologischen Fehlern zu säubern. (Pr.,1955,H.7, S.414-421)

1) Die nach der Fundstelle eines Artikels angegebenen Zahlen verweisen auf die Bedeutung dieses Artikels auch für andere Fachgebiete entsprechend der hier zugrundegelegten Systematik.

Lakatoš,M.: Zehn Jahre Hilfe der sowjetischen Staats- und Rechtstheorie beim Aufbau des Sozialismus in der ČSR. (Sov.věda,1955, H.3, S.220-230) 6

Lörincz,L.: Der Kongreß ungarischer Wissenschaftler über Fragen des Staates und des Rechts - ein wichtiges Ereignis im wissenschaftlichen Leben der Ungarischen Volksrepublik.(I.N.,1955,H.1, S.64-69) 6

Für die weitere schöpferische Ausarbeitung der Fragen der allgemeinen Theorie des Staates und des Rechts. (Sov.gos.pravo,1955, H.3, S.3-14; deutsch: RID,1955,H.18,Sp.507-519)

Udvardy,L.: M.Vietor, Gesetzlichkeit und Klassenkampf. (Rez.) (Pr.obz.,1955,H.5, S.306-312)

3.Geschichte des Staates und des Rechts

Bagreev,A.D.(Bagrejew,A.D.): Die Befreiung Polens in den Jahren 1944 - 1945 durch die sowjetischen Truppen.(Vopr.ist.,1955,H.7, S.29-41)

Benjamin,H.: Walter Ulbrichts Werk: "Zur Geschichte der neuesten Zeit". Zum Erscheinen des 1.Bandes.(NJ,1955,H.14, S.423-425) 6

Domnič,M.J. (Domnitsch,M.J.): Der Beginn der Revolution von 1905 und die Solidaritätsbewegung in Frankreich.(Vopr.ist.,1955,H.1, S.87-94;deutsch: Sov.Wiss.(GA),1955,H.4, S.532-543)

Farbman,N.V.(Farbman,N.W.): Der Kampf des Ruhrproletariats gegen die französische Besatzung und der nationale Verrat der Ruhr-Magnaten im Jahre 1923. (Vopr.ist.,1955,H.6, S.26-41)

Gronskij,A.S.;O.V.Riss. (Gronski,A.S.;O.W.Riss.): Die baltischen Häfen - ein Objekt der Expansion der Imperialisten in den Jahren 1918-1920.(Vopr.ist.,1955,H.7, S.92-98) 5

Günther,R.: Einige Fragen der altrömischen Agrarpolitik. (Zs. Gesch.Wiss.,1955,H.2, S.278-283)

Hubatsch,W.: Das Zeitgefühl bei Christian Thomasius.(WZ Halle, 1954/55,H.4, S.507-508)

Köhler,F.: Zur Arbeit von Werner Plesse "Zum antifaschistischen Widerstandskampf in Mitteldeutschland (1939-1945)".(Zs.Gesch.Wiss., 1955,H.2, S.275-277)

Die Besprechung des Entwurfs des Lehrbuch für die Geschichte der Sowjetgesellschaft.(Vopr.ist.,1955,H.6, S.168-172)

Lieberwirth,R.: Archivalien über Christian Thomasius.(WZ Halle, 1954/55,H.4, S.563-564)

Lieberwirth,R.:Christian Thomasius. Sein wissenschaftl.Lebenswerk.(WZ Halle 1954/55,H.4, S.559-562)

Mansvetov,N.V.;V.V.Pimenov;O.J.Čistjakov,(Manswestow,N.W.;V.V. Pimenow.;O.J.Tschistjakow.): Über die Bildung und Entwicklung der sozialistischen Nationen in der UdSSR.(Vopr.ist.,1955,H.7, S.75-84)

Ondris,K.: 5o Jahre Sowjets.(Sov.věda,1955,H.4, S.3o9-32o)

Pankratova,A.: Die erste Volksrevolution in der Epoche des Imperialismus. (Sov.věda,1955,H.4, S.293-3o9)

Saladkov,I.I. (Saladkow,I.I.): Aus der Geschichte der Errichtung der Sowjetmacht in Bjelorußland und der Bildung der BSSR. (Rez.) (Vopr.ist.,1955,H.7, S.14o-143)

Schmerbach,G.: Dokumente zum faschistischen Terror gegen die Arbeiterbewegung (1933 und 1934). (Zs.Gesch.Wiss.,1955,H.3, S.435-463)

Schreiner,A.: Zu einigen Fragen der neuesten deutschen Geschichte. Antwort auf kritische Stellungsnahmen zur Disposition für das Lehrbuch der Geschichte des deutschen Volkes (1918-1945).(Zs. Gesch.Wiss.,1955,H.3, S.374-43o)

Schubart-Fikentscher,G.: Christian Thomasius. (WZ Halle,1954/55, H.4, S.499-5o6)

Schulz-Falkenthal,H.: Christian Thomasius - Gesellschafts- und Zeitkritik in seinen "Monatsgesprächen" 1688/89. (WZ Halle,1954/55, H.4, S.533-554)

Volkov,M.J.(Wolkow,M.J.): Diskussion über die Frage der Entstehung der russischen bürgerlichen Nation. (Vopr.ist.,1955,H.7, S.175-177)

Wedemeyer,I.: Das Menschenbild des Christian Thomasius.(WZ Halle, 1954/55,H.4, S.5o9-532)

Zubok,L.I. (Subok,L.I.): Die Arbeiterbewegung und die sozialistische Bewegung in den USA während des ersten Weltkrieges. (Vopr.ist.,1955,H.7, S.61-74) 1

4.Geschichte der politischen Anschauungen

Foustka,R.N.: Montesquieu und die französische Revolution. (Pr.obz.,1955,H.5, S.26o-27o) 3

Kečekʼjan,S.F. (Ketschekjan,S.F.): Die politischen und rechtlichen Anschauungen Montesquieus. (Sov.gos.pravo,1955,H.4,S.41-52)

Kusch,H.: Friede als Ausgangspunkt der Staatstheorie des Marsilius von Padua. Zur Aristotelesrezeption im Mittelalter.(Altertum, 1955,H.2, S.116-125)

Sokolov,V.V. (Sokolow,W.W.): Die ethischen und soziologischen Anschauungen Spinozas.(Vopr.fil.,1955,H.3, S.59-72)

Tulisov,M.P. (Tulissow,M.P.): Zum Gedenken an Charles Louis Montesquieu. (Vopr.fil.,1955,H.3, S.133-138)

Die Vorgänger des wissenschaftlichen Sozialismus.(Vopr.ist.,1955, H.6, S.115-127) 1

Varleau,J.: Montesquieu. (Vopr.fil.,1955,H.3, S.126-128)

5.Völkerrecht und Aussenpolitik

Altmann,J.;H.de Fiumel: Wissenschaftliche Tagung der Polnischen Akademie der Wissenschaften zur Frage der kollektiven Sicherheit in Europa. (P.P.,1955,H.7/8, S.154-166)

Berezowski,C.: Die Rolle der Abkommen über gegenseitigen Beistand zur Verteidigung des Friedens. (P.i P.,1955,H.7/8, S.2o-37)

Bilek,V.: Die Kommission der UNO für Völkerrecht und Kodifizierung des Völkerrechts. (Pr.,1955,H.6, S.334-349)

Bogdanov,O. (Bogdanow,O.): Die bürgerliche völkerrechtliche Doktrin über das Problem der internationalen Zusammenarbeit. (Sov.gos.pravo,1955,H.4, S.97-1o8)

Bogdanov,O. (Bogdanow,O.): Zur Frage der internationalen Abrüstungskontrolle.(N.Zeit,1955,H.26, S.4-8)

Bogdanov,O.(Bogdanow,O.): Die friedliche Koexistenz der Staaten und das Völkerrecht.(N.Zeit,1955,H.33, S.6-9)

Verbesserung der chinesisch-amerikanischen Beziehungen - eine wichtige Voraussetzung für den Frieden in Asien.(N.Zeit,1955,H.33, S.3-6)

Dillmann, W.: Die englisch-amerikanischen Gegensätze im Nahen und Mittleren Osten.(Nat,1955,H.2, S.143-152)

Dritte Tagung des Obersten Sowjets der UdSSR(4.Legislaturperiode) Moskau 4.-5.August 1955 (Zu den Ergebnissen der Genfer Konferenz.) (N.Zeit,1955,H.33,Beil.,S.3-29) 5.

Dokumente der Genfer Konferenz (18.-23.Juli 1955): Reden und Vorschläge der vier Regierungschefs,die Direktive an die Außenminister (ddz,1955,H.1oo, S.7657-7689)

Herczegh,G.: Diskussion über das Völkerrechtslehrbuch.(J.K.,1955, H.6, S.379-383)

Kohl,M.: Taiwan - ein integrierender Teil Chinas.(St R,1955,H.4, S.684-694) 6

Korovin,I. (Korowin,I.): Die UN-Satzung und die Grundprinzipien der internationalen Beziehungen.(N.Zeit,1955,H.25, S.3-6)

Krno,M.D.: Die Beziehungen zwischen der UdSSR und den volksdemokratischen Staaten - ein neuer Typ der internationalen Beziehungen.(Pr.obz.,1955,H.5, S.27o-283)

Lachs,M.: Über das System der kollektiven Sicherheit in Europa. (P.i P.,1955,H.6, S.843-858)

Machowski,J.: Die gegenwärtige völkerrechtliche Situation in der Antarktis. (P.i P.,1955,H.7/8, S.278-281)

Polak,K.: Die Aufgaben der Völkerrechtswissenschaft der Deutschen Demokratischen Republik nach dem Warschauer Vertrag. (Mtbl.VDJD,1955,H.3, S.8-16)

Polak,K.: Die Genfer Konferenz und die Deutschlandfrage.(NJ,1955, H.15/16, S.459-462)

Polak,K.: Das System der kollektiven Sicherheit - die Grundlage des Völkerrechts.(NJ,1955,H.14, S.419-423)

Reintanz,G.: Der Warschauer Vertrag.(WZ Halle,1954/55,H.5, S.591-601)

Schelhorn,W.: Die Wahrheit über Jalta.(Nat,1955,H.5, S.310-318)

Sedin,L.: Um die Normalisierung der Beziehungen zwischen der Sowjetunion und Westdeutschland.(N.Zeit,1955,H.25, S.7-9)

Thun,F.: Die SEATO,ein Vertrag über Asien ohne Asiaten.(Nat.,1955, H.2, S.137-142)

Tunkin,G.: Chinas satzungsmäßige Rechte in den UN restituieren. (N.Zeit,1955,H.28, S.3-5)

Vajnar,V.: Die internationale Stellung und die Außenpolitik der volksdemokratischen ČSR.(Sov.věda,1955,H.3, S.208-220) 6

Die Warschauer Konferenz zur Gewährleistung des Friedens und der Sicherheit in Europa.(ddz,1955,H.96, Sp.7269-7280)

Zivs,S.L.(Siws,S.L.): Die gesetzgeberische Verankerung der Rassendiskriminierung in den USA und in den Ländern des Britischen Imperiums.(Sov.gos.pravo,1955,H.4, S.109-118) 2.6.17

Žudro,A.K.(Shudro,A.K.):A.D.Keilin, Das sowjetische Seerecht.(Rez.) (Sov.gos.pravo,1955,H.4, S.141-144)

6.Staatsrecht

Arturov,O.A.(Arturow,O.A.): Der Staatsaufbau der Demokratischen Republik Vietnam.(Sov.gos.pravo,1954,H.7, S.41 ff;deutsch: (RID,1955,H.16, Sp.457-464)

Bedeutsame Tage.(Vor zehn Jahren:Bodenreformverordnung und SMAD-Befehl Nr.49) (NJ,1955,H.17, S.515-517) 9.12

Zehn Jahre Deutsche Volkspolizei.- zehn Jahre Dienst für die Interessen des Volkes.(N.Weg,1955,H.10, S.596-600)

Bystrina,I.;M.Lakatoš.: Die Funktion des sowjetischen Staates und des volksdemokratischen Staates in der ersten Phase ihrer Entwicklung.(Sov.věda,1955,H.4, S.320-329) 2.

Dokov,D.(Dokoff,D.): Rolle und Charakter der Volksräte in Bulgarien.(Novo Vreme,1953,H.5, S.34 ff;deutsch,gekürzt: (RID,1955,H.16, Sp.464-476) 2.7

Bónis,G.: Grundlegende Fragen der Entwicklung des ungarischen Rechts in den ersten lo Jahren des Bestehens unserer Volksdemokratie.Mit Diskussionsbeiträgen.(J.K.,1955,H.6, S.321-344. 349-364.) 6.2.

Gaidukow,D.: Diskussion im Rechtsinstitut an der Akademie der Wissenschaften der UdSSR über die Arbeit St.Ehrlichs "Die Ordnung der Sowjetunion".(P.i P.,1955,H.7/8, S.167-181)

Die föderative Volksrepublik Jugoslawien.(Zahr.Obch.,1955,H.6, S.239-241)

Der Karlsruher Verbotsprozeß.(Weltb.,1955,H.27, S.833-841)

Kovács,I.: Die Bedeutung der Abgrenzung der Wirkungsbereiche und der Unterscheidung der Massenbeziehungen im Rätesystem. (Állam és Igazg.,1955,H.6, S.3o1-321)

Kröger,H.: Schlußplädoyer in dem Verbotsverfahren gegen die Kommunistische Partei Deutschlands vor dem Bundesverfassungsgericht in Karlsruhe am 17.Juni 1955.(St R,1955, H.4, S.552-587)

Levin,I.D.; V.A.Mamaev (Lewin,I.D.;W.A.Mamajew): Die Verfassung der Indischen Republik.(Sov.gos.pravo,1955,H.4, S.86-96)

Murowski,B.: Das Saar-Urteil des Bundesverfassungsgerichts und die bürgerliche Gesetzlichkeit.(NJ,1955,H.17, S.532-534)

Nathan,H.: Die Gesetzgebung der Deutschen Demokratischen Republik. 1.u.2.Quartal 1955.(NJ,1955,H.15/16, S.476-483; H.17,S.526-53o)

Bonn: Koalition und "Opposition" verwirklichen gemeinsam Pariser Verträge (Personalausschußgesetz und "Freiwilligen"-Gesetz). (ddz,1955,H.1oo, Sp.7691-77o9)

Rösner,G.: Das Widerstandsrecht des deutschen Volkes.(NJ,1955, H.13, S.4o3-4o5)

Der Begriff" Staatsgewalt".Das Prinzip der einheitlichen Staatsgewalt auf der Grundlage der Verfassung der Volksrepublik Polen. (P.i P.,1955,H.6, S.995-999) 2.

Starościak,J.: Die gebietsmäßige Änderung des Staats- und Verwaltungsapparates in Ungarn.(P.i P.,1955,H.7/8, S.231-238)

Stembrowicz,J.: Über verschiedene Fragen der Staatsordnung Frankreichs auf der Grundlage des Nachtrages vom 7.Dezember 1954 zur Verfassung.(P.i P.,1955,H.7/8, S.13o-153)

Szentpéteri,I.: Abberufung - Inkompatibilität.(Állam és Igazg., 1955,H.6, S.333-345)

Pressekonferenz der Vereinigung Demokratischer Juristen zum Verbotsprozeß gegen die KPD.(NJ,1955,H.14, S.442-443)

Weichelt,W.: Die Rolle der Vaterländischen Front in Bulgarien bei der Festigung und Entwicklung des volksdemokratischen Staates.(WZ Berlin,1954/1955,H.4, S.2o2-215)

7. Verwaltungsrecht

Amberg, R.: Zur Arbeit der Bevollmächtigten der Räte der Kreise und ihrer Instrukteure. (N.Weg, 1955, H.1o, S.587-59o)

Andreev, A.B. (Andrejew, A.B.): Über die rechtlichen Mittel, die zur Einführung der technischen Neuerungen beitragen (Übersicht über die Diskussion, die in der Redaktion der Zeitschrift "Sowjetstaat und Sowjetrecht" durchgeführt wurde). (Sov.gos.pravo, 1955, H.4, S.127-133)

Bak, J.: Das Verhältnis zwischen der Aufsicht über die Gesetzlichkeit und der Kontrolle der operativen Arbeit. (J.K., 1955, H.6, S.349-364) 12

Beer, J.: Die wissenschaftliche Tagung in Szeged über aktuelle Fragen der Organisation der Volksräte. (J.K., 1955, H.6, S.365-371)

Böhme, W.: Die Verbesserung der Arbeitsweise und Struktur - eine vordringliche Aufgabe in den Ministerien und Hauptverwaltungen. (Dem.Aufb., 1955, H.14, S.314-317)

Czakó, K.: Über das gegenseitige Verhältnis der Räte - sowie der Staatsanwaltschaftsorgane. (Állam és Igazg., 1955, H.3/4, S.157-161) 12.

Dallos, F.: Einige Fragen der Lenkung der örtlichen Organe. (Állam és Igazg., 1955, H.3/4, S.17o-173)

Diósadi, G.; F.Toth.: Über die mit den Aufgaben und dem Wirkungsbereich der Verwaltungsorgane zusammenhängenden Probleme. (Állam és Igazg., 1955, H.6, S.322-332)

Glazer, E.: Die Sanktionen in der neuen Eisenbahnverkehrsordnung. (Pr.obz., 1955, H.5, S.284-296)

Górski, J.: Die Rechtsstellung der Organe und der Bevollmächtigten staatlicher Betriebe. (N.P., 1955, H.6, S.38-53)

Haupt, L.: Zu den Veränderungen in der Struktur und der Arbeitsweise der staatlichen Organe in der Deutschen Demokratischen Republik. (WZ DA, 1954/55, H.2, S.157-168)

Die Kommunalpolitik in der DDR - Vorbild für ganz Deutschland. (DFW, 1955, H.13, S.534-537)

Leber, G.: Über die "kommunale Selbstverwaltung" im Staate Adenauers. (Nat., 1955, H.4, S.251-258)

Némethy, A.: Reformatorische Bestrebungen zur Regelung der staatsverwaltungsmässigen Gebietsaufgliederung. (Állam és Igazg., 1955, H.3/4, S.223)

Nyemcev, V.A.: Über die Rechtslage der Dorfsowjets der Delegierten der Werktätigen. (Állam és Igazg., 1955, H.3/4, S.215-22o)

Pipek, J.: Zu einigen Fragen der allgemeinen Aufsicht. (Soc.zák, 1955, H.2/3, S.68-72)

Poppe,E.: Hochbaum,H.-U.; Leichtfuß,H.: Zur Rechtsstellung der Räte der örtlichen Organe der Staatsgewalt. Berlin 1954.(Rez.) (St R,1955,H.4, S.695-7oo)

Sechter,F.;E.Georgescu: Aus der Tätigkeit eines Kreisstaatsanwalts auf dem Gebiet der allgemeinen Aufsicht.(J.N.1955,H.3, S.344-352) 12.

Sjue I-Juang: Einige Veränderungen im administrativen Aufbau der Volksrepublik China(mit Schema der Verwaltungseinteilung). (Nar.Kitaj,1955,H.1o, S.28-3o)

Tomsová,I.: Die Stellung der staatlichen Kontrolle im Staatsapparat.(Pr.,1955,H.7, S.395-4o3) 6.

Wendel,A.:Eingaben und Beschwerden auf der Grundlage praktischer Erfahrungen.(P.i P.,1955,H.6, S.929-943)

8.Finanzrecht

Barnowski,E.: Die Rolle und die Aufgaben der Justitiare in den Betrieben der vergesellschafteten Wirtschaft.(P.i P.,1955,H.7/8, S.256-261)

Die neue Konzentration der Großbanken in Westdeutschland. (Ber.Dt.Wirtsch.Inst.,1955,H.1o, S.3-19)

Grothkopp,R.;G.Kalkofen: Erläuterungen zur Durchführung des Staatshaushaltsplanes 1955 auf der Grundlage der 1.Durchf.Best. zum Gesetz über den Staatshaushaltsplan 1955.(DVW,1955,H.12, S.5o9-513)

Verstärkt die Kontrolle der Finanzorgane über die Tätigkeit der MTS. (Fin.SSSR.,1955,H.5, S.55-61)

Larionov,K.(Larionow,K.): Wesen und Bestimmung der Finanzen der Betriebe und Volkswirtschaftszweige.(Fin.SSSR,1955,H.2, S.8 ff.; deutsch: RID,1955,H.14, Sp.4o6-416)

Rovinski,E.A.(Rowinski,E.A.):Einige Fragen der rechtlichen Regelung der Finanzverhältnisse in der UdSSR.(Sov.gos.pravo,1954,H.1, S.82 ff.;deutsch: RID,1955,H.14, Sp.389-4o6)

Schröder,E.: Die Auswertung der Erfüllung des Staatshaushaltsplans. (NJ,1955,H.17, S.53o-532)

Svešnikov,M.N.(Sweschnikow,M.N): Die Bedeutung der Staatsbank der UdSSR für die Durchführung des Sparsamkeitsregimes.(Sov.gos. pravo,1955,H.4, S.21-31)

9.Kolchosrecht,Bodenrecht,Landwirtschaftliche Produktionsgenossenschaften

Aksenenok,G.(Axenjonok,G):Fragen der rechtlichen Sicherheit der richtigen und produktivsten Ausnutzung des Bodens.(Sov.gos.pravo, 1955,H.4, S.3-6)

Aksenenok,G.(Axenjonok,G): Über die populär-juristische Literatur für Beschäftigte der Landwirtschaft.(Kommunist,1955,H.9, S.124-128)

Arlt,R.: Die persönliche Hauswirtschaft und das persönliche Eigentum der Genossenschaftsmitglieder in der LPG.(NJ,1955,H.15/16, S.468-475) 14.

Arlt,R.: Zum Charakter der Ziff.6 Abs.2 des LPG-Musterstatuts Typ I.(NJ,1955,H.17, S.536-537)

Gocht,H.;R.Guderian,:Die Landwirtschaftlichen Arbeitsgenossenschaften in Bulgarien.(Dt.Ldwi.,1955,H.8, S.366-369)

Kim,V.A.;A.E.Erenov.(Kim,V.A.;A.E.Jerenow): Die Bodenreform in der Koreanischen Volksrepublik.(Vopr.ist.,1955,H.7, S.1o2-112)

Nagy,L.: Diskussion über die mit der Hebung der landwirtschaftlichen Produktion im Zusammenhang stehenden Rechtsfragen.(J.K., 1955,H.5, S.3o9-314) 7.

Podoprigora,Z.A.; S.J.Kac: Der Schutz des Kolchoseigentums gegen Schäden, die durch Verletzung der Arbeitsdisziplin verursacht wurden(Sov.gos.pravo,1954,H.8, S.43-49;tschech.: Sov.věda,1955, H.4, S.376-378) 17.

Seifert,W.: Mehr Unterstützung den Landwirtschaftlichen Produktionsgenossenschaften! (NJ,1955,H.17, S.535-536)

Semrád,J.: Einige Fragen der landwirtschaftlichen Genossenschaften.(Soudce z lidu,1955,H.1, S.1-6)

Świątkowski,H.: Ausgewählte zivilrechtliche Probleme des landwirtschaftlichen Genossenschaftswesens.(Pr.,1955,H.6, S.321-333)

Streit,J.: Die Justiz der Weimarer Republik - Beschützer der Junker und ihrer Feme-Organisationen. Gedanken zum 1o.Jahrestag der Bodenreform.(NJ,1955,H.17, S.517-52o) 6.

Tadžer, V.E.(Tadsher,V.E): Die Besonderheiten in der Arbeit über Beschwerden gegen die Organe der LPG.(Soc.Pravo,1955,H.5, S.9-19) 7.

Turubiner,A.M.: Über die Formen des Kolchosrechts(Auszug aus "Fragen des Kolchos- und Landwirtschaftsrechts", Moskau 1954.) (Sov.věda,1955,H.4, S.353-358)

Zorin,J.(Sorin,I): Grundlegende Fragen des kollektivwirtschaftlichen Aufbaus.(Soc.sel.choz.,1955,H.4, S.59-71)

1o.Strafrecht.Strafprozeß

Auscaler,G.: A.Gubiński, Die sozialistische Arbeitsdisziplin im Strafrecht. (Rez.) (N.P.,1955,H.6, S.83-9o) 17

Auscaler,G.: I.Andrejew,L.Lernell u.J.Sawicki, Das Strafrecht Volkspolens.(Rez.) (P.i P.,1955,H.6, S.1ooo-1o1o)

Bafin,J.: Aus der Problematik des Subjekts bei Verbrechen gegen das gesellschaftliche Eigentum.(P.i P.,1955,H.7/8, S.217-23o)

Baláš,O.: Die Grundlagen des Strafrechts.(Soudce z lidu,1955, H.4, S.49-53)

Barna,P.: Der Schutz des Staatsgeheimnisses.(J.K.,1955,H.5, S.283-289)

Bičovský,J.: Der Kampf gegen die Verzögerungen des Verfahrens als ernste Verletzungen der sozialistischen Gesetzlichkeit. (Soc.zák.,1955,H.5, S.257-265)

Blažek,B.: Einige Erkenntnisse aus der Tätigkeit der Gerichte, der Jugendschutzämter und aus der Rechtsprechung der Gerichte in Erziehungssachen Jugendlicher.(Soc.zák.,1955,H.6, S.331-338) 7.

Böhme,F.: Kein Spion entgeht der gerechten Strafe!(Schöffe,1955, H.8, S.225-227)

Čchikvadze,V.M. (Tschchikwadse,W.M): Begriff und Bedeutung des Tatbestandes im sowjetischen Strafrecht.(Sov.gos.pravo,1955, H.4, S.53-62)

Cimpeanu,T.: Die Methode der Anwendung mildernder Umstände für die richtige individuelle Festsetzung des Strafmaßes.(J.N.1955, H.3, S.353-357)

Cohn,K.: Die Bindung des Strafrichters an die Steuerfeststellungen der Abgabenverwaltung.(NJ,1955,H.13, S.4o2-4o3) 8.

Die Unterdrückung der demokratischen Freiheiten in den Vereinigten Staaten und der Widerstand des amerikanischen Volkes. (Mtbl.VDJD,1955,H.3, S.2o-26)

Dressler,U.;M.Naundorf.: Verbrechen gegen die Person.(WZ DA, 1954/55, H.2, S.169-2o1)

Feller,S.: Über die vorbereitende Sitzung. Ist "neues Material" als Grundlage eines besonderen Protestes des Staatsanwaltes gegen die Festsetzung der vorbereitenden Sitzung über die Rückgabe der Sache zur nochmaligen Untersuchung zulässig?(J.N.,1955, H.3, S.358-372)

Feller,S.:Fortgesetzte Verbrechen und die schädliche Anwendung der bürgerlichen juristischen Literatur bei der gerichtlichen Verhandlung.(J.N.,1955,H.1, S.48-61)

Gemrich,J.: Zu Fragen des Verteidigerzwangs und ihre Verletzung. (Soc.zák.,1955,H.2/3, S.96-1o3)

Gemrich,J.;M.M.Grodzinskij,Das Kassations- und Aufsichtsverfahren im sowjetischen Strafprozeß.(Rez.) (Soc.zák.,1955,H.6, S.365-37o)

Gemrich,J.: Die Rechtsmittel im Strafverfahren.(Soudce z lidu, 1955,H.2, S.17-22)

Görner,K.: Strafrechtsprechung der Gerichte und Verbrechensentwicklung.(Schöffe,1955,H.7, S.2o8-216)

Halaška,J.: Zu einigen Fragen des Sachverständigengutachtens in unserem Strafverfahren.(Soc.zák.,1955,H.2/3, S.94-96) 11.

Hanczakowski,W.: Das Alter des Täters auf der Grundlage der Statistik der Verurteilungen aus den Jahren 1946-1952.(N.P.,1955, H.6, S.32-37)

Herrmann,R.;W.Ziegler.: Die Rückgabe der Strafsache an den Staatsanwalt wegen Unzuständigkeit des Gerichts.(NJ,1955,H.14, S.443-444)

Hinderer,H.: Zum Problem der Unzurechnungsfähigkeit (Bemerkungen zu dem Beitrag von Ranke in NJ 1955 S.239).(NJ,1955,H.14,S.446-447)

Hron,R.: Zu Fragen der Konkurrenz der Straftaten §§ 238 - 242 StGB. (Soc.zák.,1955,H.1, S.6o-64)

Der Justizterror in Griechenland. Bericht der Delegation der Internationalen Vereinigung Demokratischer Juristen über ihre Reise nach Griechenland.(Mtbl.VDJD,1955,H.2, S.7-19) 6.

Kacarski,N.: Über die bedingte Verurteilung.(Soc.Pravo,1955.H.4, S.32-44)

Kagramanov,V.P.(Kagramanow,W.P):B.S.Nikiforov, Der strafrechtliche Schutz des persönlichen Eigentums in der UdSSR.Moskau 1954.(Rez.) (Sov.gos.pravo,1955,H.4, S.144-147)

Lachout,V.;O.Novotný: Die sowjetische Diskussion über die Fragen des vorbereitenden Verfahrens im Zusammenhang mit der Vorbereitung des Strafprozeßgesetzes der UdSSR und ihre Bedeutung für unser Strafprozeßrecht.(Soc.zák.,1955,H.2/3, S.72-77)

Lekschas,J.: Zur 8.Tagung der kriminalbiologischen Gesellschaft in Graz (1954).(WZ Halle,1954/55,H.5, S.611-615)

Leonieni,M.: Der Freispruch in der gerichtlichen Praxis.(P.i P., 1955,H.6, S.944-965)

Löwenthal,H.: Die Lehre vom Objekt des Verbrechens. Bemerkungen zu der Schrift von Prof.Dr.Hans Gerats.(NJ,1955,H.15/16, S.485-487)

Lukaszkiewicz, Z.: Teilnahme und organisierte Verbrechergruppe. (N.P.,1955,H.6, S.74-75)

Malczewski,St.: Die Zulässigkeit des Einspruchs gegen den Beschluß auf Einstellung des Verfahrens.(N.P.,1955,H.6, S.75-77)

Nathan,H.: Unter der Geißel des Hakenkreuzes.(Rez.über Russell, The scouge of the Swastika,London 1954.) (Mtbl.VDJD,1955,H.2, S.2o-26)

Orschekowski,W.: Zum Begriff der Gruppe nach § 2 Abs.2 b Volkseigentumschutzgesetz.(St R,1955,H.4, S.669-683)

Pohalek,G.;M.Benjamin: Die Schuld als subjektive Seite der verbrecherischen Handlung. Bemerkungen zu der Schrift von Dr.John Leksohas.(NJ,1955, H.15/16, S.487-489)

Peter,R.;H.Ranke;H.Nathan: Rechtskrafthemmung durch unzulässige Rechtsmittel.(NJ,1955,H.14, S.432-436)

Podlaski,H.: Betrachtungen über die außerordentliche Revision im polnischen Strafprozeß (Marginalien zur Arbeit S.Kalinowskis) (P.i P.,1955,H.7/8, S.2oo-216)

Procházka,M.: Der Tatbestand der Verletzung von Vorschriften und Verordnungen nach § 282 StGB.(Pr.obz.,1955,H.6, S.379-381)

Rachunov,R.D.(Rachunow,R.D): Die Formvorschrift im Strafprozeß und die sozialistische Gesetzlichkeit.(Sov.gos.pravo,1955,H.4, S.63-69)

Rolenc,O.: Zur Auslegung des § 2o4 StPO.(Soc.zák.,H.2/3, S.1o3-1o9)

Ružek,A.: Ist eine Wiederaufnahme des sog.Adhaesionsverfahren möglich? (Soc.zák.,1955,H.1,S.13-19) 14.

Sacharov,A.B.(Sacharow,A.B): Amtsverbrechen und Disziplinarvergehen.(Sov.gos.pravo,1955,H.2, S.6o-67;deutsch: RID, 1955,H.13, Sp.373-381)

Šargorodskij,M.D.(Schargorodski,M.D): Fragen der Strafe im Entwurf des Strafgesetzbuches der UdSSR.(Sov.gos.pravo,1955,H.1, S.51-58.; deutsch: RID, H.13, Sp.365-373)

Sawicki,J.: Der Entwurf zum Gesetz über Verbrechen gegen den Frieden und gegen die Sicherheit der Völker.(N.P.,1955,H.6, S.61-68) 5

Schubert,L.: Die Bilanz der 1o-jährigen Entwicklung der Strafrechtswissenschaft in unserer Heimat.(Sov.věda,1955,H.3, S.254-262)

Schwarz,G.: Ein wichtiges Werk über den Schutz des gesellschaftlichen Eigentums.(St R,1955,H.4, S.648-668) (Rez.über: L.Levonell, Der strafrechtliche Schutz des gesellschaftlichen Eigentums.Bd 1. Warschau 1954)

Sobota,V.: Ein Beitrag zur Auslegung des Begriffes "Beteiligter". (Soc.zák.,1955,H.6, S.361-364)

Das Gesicht einer Spionagezentrale.Aus dem Urteil des Obersten Gerichts vom 27.Juni 1955 - 1 Zst (I) 5/55 - gegen fünf Agenten des RIAS.(NJ,1955,H.14, S.425-429)

Die Entlarvung eines neuen Spionagezentrums (Aus dem Urteil des Obersten Gerichts vom 13.Juni 1955 gegen Agenten der NATO-Spionageorganisation).(NJ,1955,H.13, S.394-4oo) 5.

Die Diskussion über den allgemeinen Teil des Strafgesetzes. (P.i P.,1955,H.6, S.966-984)

Zu einigen Fragen des Entwurfs eines Strafgesetzbuchs der UdSSR, (NJ,1955,H.14, S.44o-441)

Über den Stand und die Aufgaben der sowjetischen Strafrechtswissenschaft.(Sov.gos.pravo,1955,H.2, S.3-12 deutsch: RID,1955, H.13, Sp.355-365)

Šubert,L.: Einige Bemerkungen zur gesamtstaatlichen Arbeitstagung der Mitarbeiter des Strafrechts.(Pr.obz.,1955,H.6, S.375-378)

Šubert,L.: Eine von vielen Tatsachen(Amnestie).(Pr.obz.,1955, H.6, S.323-325)

Švach,F.: Die Aufsicht des Staatsanwalts über die Ermittlung. (Soc.zák.,1955,H.5, S.265-274) 7.

Tolar,J.: Zur Anwendung der §§ 216 u.218 StPO.(Beschwerde wegen Verletzung des Gesetzes).(Pr.obz.,1955,H.6, S.334-36o)

Tolar,J.: Zum Begriff "der Täter wird als nicht verurteilt angesehen" (§§ 28,41.58 StGB).(Soc.zák.,1955,H.5, S.344-352)

Udvardy,L.: Die Schuld beim versuchten Verbrechen.(Pr.obz.,1955, H.6, S.36o-375)

Zakrzewski,P.: Untersuchungen über das Zusammenwirken Erwachsener und Minderjähriger bei strafbaren Handlungen.(P.i P.,1955,H.6, S.91o-928)

11.Kriminalistik,gerichtliche Medizin

Richtlinie des Plenums des Obersten Gerichts über Voraussetzungen und Beweiswert des erbbiologischen Gutachtens.Richtlinie Nr.6 vom 29.Juni 1955-R Pl 1/53. (NJ.1955,H.14, S.447-45o)

Kanger,A.: H.Pfanne, Die Schriftexpertise und ihre Bedeutung für die Rechtsprechung. Ein Nachschlagebuch über die Schriftexpertise für Richter,Staatsanwälte und Rechtsanwälte.1954.(Rez.) (NJ,1955, H.17, S.546a)

12.Gerichtsverfassung(einschließl.Notariat und Anwaltschaft)

Aleš,V.: Die Staatsanwaltschaft in den ersten 1o Jahren der Entwicklung der volksdemokratischen Staatsordnung in der ČSR. (Sov.zák.,1955,H.4, S.199-225)

Benjamin,H.: Zu Fragen der Gesetzlichkeit und der Leitung innerhalb des Justizapparates. Weitere Lehren aus der Schöffenwahl. (NJ,1955,H.13, S.387-391) 7.

Böhme,F.: Unsere Gerichte wahren die Rechte des sorbischen Volkes. (NJ,1955,H.17, S.52o-521)

Chorebiewski,J.: Über die Immunität des Rechtsanwalts.(N.P.,1955, H.6, S.54-6o)

Croitoru,T.: Über die Zuständigkeit des Gerichts bei Alimentationsklagen.(J.N.,1955,H.1, S.62-63) 15.

Čžan Čži-žan,(Tschan Tschi-Shan): Das Volksgericht Chinas nach der Verkündung der Verfassung.(Sov.gos.pravo,1955,H.4, S.32-4o)

Gergely,E.: Die dialektische Methode in der Arbeit des Volksgerichts.(J.N.,1955,H.3, S.3o7-319) 2-

Hochberg,L.;K.Czajkowski,: Die Erweiterung der Zuständigkeit der ordentlichen Gerichte.(N.P.,1955,H.6, S.3-19)

Muszkat,M.: Die Rolle der Verteidigung im Verbotsprozeß gegen die Kommunistische Partei Deutschlands.(P.i P.,1955,H.6, S.882-894)

Popescu,D.: Der Kompetenzbereich der Militärgerichte.(J.N.,1955, H.2, S.2o5-216)

Reichmann,: Unser Arbeitsplan für die Schöffen.(Schöffe,1955,H.8, S.228-229)

Rubeš,J.: Das Gesetz Nr.52/1954 Slg.über die Erweiterung der Kompetenz des staatlichen Notariats.(Soc.zák.,1955,H.6, S.352-361)

Streit,J.: Neue Kader sind in die Gerichte eingezogen. (Schöffe,1955,H.7, S.194-197)

Streit,J.: Die Schöffenkonferenzen im Bezirk Potsdam weisen den Weg! (NJ,1955,H.13, S.391-393)

Urválek,J.: 1o Jahre tschechoslowakische Gerichtsbarkeit. (Soc.zák.,1955,H.4, S.225-233)

13.Vertragssystem, Arbitrage

Andres,B.: Die Regelung der Mängelhaftung nach dem Zivilgesetzbuch und nach der Regierungsverordnung Nr.37/53.(Soc.zák.,1955, H.6, S.37o-384) 14.

Dohnal,J.: 2 Jahre staatliche Arbitrage.(Soc.zák.,1955,H.4, S.233-24o)

Graf,H.: Zu einigen Fragen des Vertragsabschlusses im Allgemeinen Vertragssystem. (NJ,1955,H.17, S.522-526)

Körner,H.: Investitionsplanung und Vertragssystem.(St R,1955, H.4, S.626-647) 8.

Navrátil,J.: Einige Erkenntnisse der staatlichen Arbitrage. (Soc.zák.,1955, H.2/3, S.169-177)

Niszalovsky,A.: Aktuelle Fragen der Lieferverträge.(St R,1955, H.4, S.588-6o7) 14.

Popescu,T.R.: Die Arbitrage in den Außenhandelsbeziehungen. J.N.,1955, H.2, S.175-193)

Slezák,J.: Das Recht der Arbitrageorgane ein Rechtsverhältnis zu gründen,zu ändern oder aufzuheben.(Soc.zák.,1955,H.1, S.38-47;H.2/3, S.152-169)

Praktische Fragen der weiteren Entwicklung unseres Vertragssystems, die auf der zweitägigen Sektionstagung in Pécs behandelt wurden. (J.K.,1955,H.5, S.314-317)

Zahrádka, V.: Die Liefergrundbedingungen.(Soc.zák.,1955,H.2/3, S.177-183)

14.Zivilrecht,Zivilprozeß

Arlt,E.: Die Anmeldung von Warenzeichen im Ausland.(Ahdl.,1955, H.11, S.349-351; H.12, S.381-383; E u V,1955, H.11, S.255-257; H.12, S.278-280)

Artzt,W.: Über die richterliche Aufklärungspflicht nach § 139 ZPO. (A.u.S.,1955, H.16, S.5oo-5o3) . 17.

Chalupa,R.: Die Bedeutung des sozialistischen sowjetischen Zivilrechts für das tschechoslowakische Zivilrecht.(Sov.věda,1955,H.3, S.23o-237)

Classe,W.: Zivilrechtliches Anschlussverfahren und Versicherung. (NJ,1955, H.13, S.4oo-4o2)

Droggan,G.: Das Patent und seine Voraussetzungen.(EuV,1955,H.16, S.373-377)

Eilemann,D.: Übersicht über Entscheidungen der Schlichtungsstelle für Vergütungsstreitigkeiten des Amtes für Erfindungs- u.Patentwesen der Deutschen Demokratischen Republik.(EuV,1955,H.14, S.326-33o)

Górnicki,E.: Die Höhe der Gebühren für die Urteilsausfertigung im Zivilverfahren.(N.P.,1955,H.6, S.77-78)

Grzybowski,St.M.: Über die Problematik des persönlichen Eigentums (Miteigentum - Wiedergutmachung des Schadens).(N.P.,1955, H.6, S.2o-31)

Gurvič,M.A.(Gurwitsch,M.A): Das Urteil des Sowjetgerichts als Mittel zum Schutz der subjektiven Zivilrechte.(Sov.gos.pravo,1955, H.4, S.77-78; deutsch: RID,1955,H.17, Sp.477-486)

Halouzka,V.: Die Legitimation zum Schutz der Rechte bisher nicht festgestellter Erben im Zivilverfahren.(Soc.zák.,1955,H,2/3, S.1o9-113)

Heřman,K.: Einige Fragen in Streitigkeiten vor allgemeinen Gerichten.(Zahr.Obch.,1955,H.5, S.188-191)

Hrdlicka,J.: Auf welcher Grundlage entscheidet das Gericht über die Bewilligung des Vergleichs.(Soc.zák.,1955,H.2/3, S.77-84)

Hrubý,J.: Welche Kosten hat der Mieter zu tragen? (Soc.zák.,1955, H.2/3, S.134-142)

Jestřáb,M.: Die Eintragung der Volksgenossenschaft in das Betriebsregister.(Pr.obz.,1955,H.5, S.3o3-3o5)

Knapp,V.: Zur Frage der operativen Verwaltung des Nationalvermögens.(St R,1955,H.4, S.6o8-627)

Knapp,V.: Das Problem der sogenannten realen Erfüllung.(NJ,1955, H.15/16, S.463-468)

Die verschiedenen Arten von Konnossementen,(Ahdl.,1955,H.15, S.477-479)

Kozlov,A.F.;I.K.Osipov;V.M.Semenov (Koslow,A.F.;I.K.Ossipow; W.M.Semjonow): A.F.Klejnman, Der sowjetische Zivilprozeß. Moskau 1954.(Rez.) (Sov.gos.pravo,1955,H.4, S.135-137)

Kruschke,D.: Ein neues Lohnpfändungsrecht.(Schöffe,1955, H.8, S.23o-242) 17.

Kruschke,D.: Zur Verordnung über die Pfändung von Arbeitseinkommen.(NJ,1955,H.14, S.429-432)

Grundzüge des Patentrechts in Österreich.(EuV,1955,H.14, S.325-326)

Peter,R.;H.Ranke;H.Nathan: Rechtskrafthemmung durch unzulässige Rechtsmittel. (NJ,1955,H.14, S.432-436)

Poláček,F.: Verschulden,Handlung und körperliche Bewegung. (Pr.obz.,1955,H.6, S.326-334)

Radwański,Z.: Genugtuung für einen Nichtvermögensschaden im Lichte der Rechtsprinzipien der Volksrepublik Polen.(P.i P.,1955, H.7/8. S.1o1-129)

Ranke,H.: Zur Frage des Zivilrechtsverhältnisses,seines Objekts und der prozessualen Funktion der Feststellungsklage.(Eine Erwiderung auf die Anm.von Nathan in NJ 1955, S.221) (NJ,1955, H.15/16, S.475-476)

Rubeš,J.: Einige Bemerkungen zum Aufschub der Zwangsvollstreckung nach § 443 ZPO.(Soc.zák.,1955,H.2/3, S.113-115)

Ruzek,A.: Die Überprüfung der Klage durch das Gericht.(Soc.zák., 1955,H.2/3, S.84-94)

Schuster,K.: Erfahrungen aus dem Zwangsvollstreckungsverfahren. (Soc.zák., 1955,H.6, S.338-344)

Solomon,B.: Aus der Kassationspraxis des Bukarester Stadtgerichts in Wohnungsfragen. (J.N.,1955,H.3, S.32o-343)

Spišiak,J.: Zur rechtlichen Regelung der Projektierung.(Soc.zák., 1955,H.5, S.3o8-32o)

Zusammenfassung der Diskussion über die staatlichen juristischen Personen (aus "Sowjetstaat und Sowjetrecht", 1954/Nr.8).(Sov.véda, 1955,H.4, S.359-369) 6

Stépina,J.: Das Rechtsmittelverfahren im Zivilprozess.(Soudce z lidu,1955,H.2, S.22-27)

Stoenescu,I.:Die Beiziehung neuen Materials im Kassationsverfahren in Zivilsachen. (J.N.,1955,H.1,S.41-47)

Steiner,V.: Zur Auslegung des § 16o ZPO (Ergänzung des Urteils). (Soc.zák., 1955,H.2/3,S.115-123)

Stuna,S.: Zur Frage der Truste und Kombinate vom Standpunkt des Zivilrechts. (Pr.,1955,H.7,S.4o3-414)

Štutin,I.L.(Schtutin,I.L.):Über den Gegenstand der Beweisführung im sowjetischen Zivilprozess.(Sov.gos.pravo,1954,H.7,S.9o ff.; deutsch:RID,1955,H.17,Sp.486-595)

Svehla,F.: Die Wiederaufnahme des Zivilverfahrens.(Soc.zák., 1955,H.2/3,S.142-148)

Szemenyei,L.: Fragen der Prozeßvoraussetzungen in der neuen ZPO. (J.K.,1955,H.5,S.289-3oo)

Tadevosjan,V.S. (Tadewossjan,W.S.): A.F.Klejnman,Der sowjetische Zivilprozeß.Moskau 1954.(Rez.) (Sov.gos.pravo,1955,H.4, S.137-14o)

Veselý,V.: Hauptprinzipien und Grundbegriffe unseres Zivilrechts.(Soudce z lidu,1955,H.4,S.56-61; H.5,S.74-76)

Veselý,V.: Zur Terminologie des Zivilgesetzbuches.(Soc.zák., 1955,H.1,S.19-23)

Votava,J.: Die aktiven Lizenzverträge im Auslandsverkehr und ihre Bedeutung für den Außenhandel. (Zahr.Obch.,1955,H.6,S.247-25o)

Warenzeichenschutz in Bolivien. (EuV,1955,H.12,S.281-282)

Wulf,E.: Das Konnossement - ein wichtiges Dokument im Überseehandel.(Ahdl.,1955,H.14,S.444 - 445)

Zessin,H.: Gefahren bei übereilter Veröffentlichung von Erfindungen.(EuV,1955,H.14,S.324-325)

15.Familienrecht

Balogh,Z.: Die Einwirkung unserer Rechtswissenschaft auf dem Gebiet des Verfahrensrechts auf die Ehescheidungspraxis.(J.K., 1955,H.2,S.272-282)

Černý,M.: Die Unterhaltspflicht der Eltern gegenüber minderjährigen Kindern in der Praxis. (Soc.zák., 1955,H.1,S.47-54)

Filipescu,I.: Einige Seiten der Vermögensverhältnisse bei Ehegatten,die Kollektivbauern sind. (J.N.,1955,H.2,S.194-2o4)

9.14.

Grudzinski,M.: Wichtige Gründe für die Zerrüttung des ehelichen Zusammenlebens im Lichte der Gerichtspraxis des Obersten Gerichts der Volksrepublik Polen. (Pr.,1955,H.7,S.385-394)

Konstantinov,D.(Konstantinoff,D.):Das Güteverfahren im Ehescheidungsprozeß.(Soc.pravo,1955,H.3,S.13 ff.; deutsch:RID,1955,H.17, Sp.495-5o6)

Radvanová,S.: Die Bedeutung des sowjetischen Familienrechts für unser Familienrecht. (Sov.věda, 1955,H.3,S.237-242)

Steiner,J.: Die intertemporale Wirksamkeit der Bestimmung über die gesetzliche Vermögensgemeinschaft.(Soc.zák., 1955,H.2/3, S.126-133)

16.Internationales Privatrecht

Artikel 14 des Privatrechts und Art.34 des Personenstandsgesetzes.(Formen der Eheschließung und Eintragung in das Personenstandsregister in interregionaler Rechtsvergleichung) (N.P., 1955,H.6,S.72-73) 15

17.Arbeitsrecht

Ačarkan,V. (Atscharkan,W.):Fragen der Arbeitsproduktivität im Kollektivvertrag.(Sov.gos.pravo,1955,H.1,S.113-118;deutsch:RID, 1955,H.15,Sp.417-426)

Über die Begründung und Beendigung des Arbeitsrechtsverhältnisses der im Arbeitsbereich Rechnungswesen und Kontrolle Beschäftigten. (A.u.S.,1955,H.15,S.472-474)

Carstens,H.:Die Rolle des Meisters in den volkseigenen Betrieben.(Arb.,1955,H.7,S.455-461) 7

Černý,M.:Die materielle Verantwortlichkeit im sozialistischen Handel.(Soc.zák.,1955,H.5,S.274-288)

Demmler,H.: Die Aufgaben im Arbeitsschutz bei der Verwirklichung des Kongreß-Beschlusses (4.FDGB-Kongreß). (Gew.Akt.,1955,H.15, S.1-4)

Dumitrana,M.: Über den Kompetenzbereich der Kameradschaftsgerichte,Anm.von Gr.Rîpeanu. (J.N.,1955,H.2,S.276-278)

Fetting,P.: Die Einleitung von Zwangsmaßnahmen aus rechtskräftigen Beschlüssen der Konfliktkommissionen.(A.u.S.,1955,H.14, S.440-441)

Franke,K.: Die Auflösung des Arbeitsvertrages zwischen Vertragsabschluß und Aufnahme der Arbeit.(A.u.S.,1955,H.13,S.404-405; H.14,S.439-440)

Friedrich,K.:Prämien - Leistungslohn-Vereinbarungen.(A.u.S., 1955,H.15,S.457-458)

Für den Schutz,die Festigung und Entwicklung des gesellschaftlichen sozialistischen Eigentums. (J.N.,1955,H.2,S.147-157) 14

Heuer,H.:Über die Unzulässigkeit der Umwandlung einer fristlosen Entlassung in eine ordnungsgemäße Kündigung.(Grds.Fr.KG, 1955,H.6/7,S.262-263)

Heinrich,G.: Was bringt die von Adenauer geplante "Sozialreform" den Rentnern in Westdeutschland und Westberlin? (Arb., 1955,H.7,S.470-473)

Hintze,K.:Ist ein Unfall,den ein Versicherter auf dem Wege von seiner Wohnung zum Arzt erleidet,als Arbeitsunfall anzuerkennen? (NJ,1955,H.17,S.537-538)

Hromada,J.: Zur Frage der vorzeitigen Auflösung des Arbeitsverhältnisses.(Soc.zák., 1955,H.2/3,S.123-126)

Kertész,I.: Gesamtschuldnerische oder anteilsmäßige materielle Haftung im Arbeitsrecht.(J.K.,1954,H.7/8;deutsch:RID,1955,H.15, Sp.440-446)

Kohlwaage,R.: Die Fristen aus der Konfliktskommissions-Verordnung. (A.u.S.,1955,H.14,S.441-442)

Kruglov,N.(Kruglow,N.):Streikkampf der amerikanischen Arbeiter. (N.Zeit,1955,H.28,S.7-11)

Kruschke,D.: Zur Verordnung über die Pfändung von Arbeitseinkommen. (NJ,1955,H.14,S.429-432)

Langbein,L.: Der Kampf der Massen entscheidet über das Bonner Personalvertretungsgesetz. (Arb.,1955,H.6,S.388-391) 6.7

Lehmann,O.: Die Wahrnehmung des gewerkschaftlichen Mitbestimmungsrechts bei Kündigungen infolge Stellenplanänderung.(A.u.S., 1955,H.15,S.469-470)

Lernell,L.: Einige Fragen der Entwicklung des Strafrechts in der Volksrepublik Polen. (Sov.gos.pravo,1955,H.1, S.77-84.; deutsch: RID,1955, H.13, Sp.381-388)

Mestitz,F.: Die Verantwortlichkeit des Betriebes für gesunde und sichere Arbeit.(Pr.,1955,H.6, S.350-368)

Meyling,W.: Das Prinzip der materiellen Interessiertheit und seine Anwendung in den konsumgenossenschaftlichen Handels-und Produktionsbetrieben.(Grds.Fr.KG,1955,H.6/7, S.258-262)

Nagy,L.: Die Praxis unserer Gerichte in Bezug auf die Verantwortlichkeit der Lagerverwalter und der Beschäftigten von Handelsbetrieben für Fehlmengen(Bér és norma,1955,H.2, S.16-19; H.3, S.11-16)

Ogorzelski,H.: Der nichtnormierte Arbeitstag im polnischen Arbeitsrecht.(Przegl.Zagadn.Soc.,1954,H.7;deutsch: RID,1955, H.15, Sp.426-439)

Petruv,A.: Die Beteiligung des Betriebsrates an der Auflösung von Arbeitsverhältnissen.(Soc.zák.,1955,H.1, S.55-59)

Schäfer, A.: Die Planung und Kontrolle des Arbeitslohnes in den volkseigenen Betrieben.(Arb.,1955,H.6, S.413-418) 1.

Skala,H.: Zum Problem der "Arbeitsgüte".(Arb.,1955,H.6, S.380-388) 1.

Die Abwürgung des Streikrechts in Westdeutschland.(NJ,1955,H.13, S.405-407; H.14,S.436-440; H.15/16, S.489-492; H.17, S.534-535) 6.10

Szubert,W.: Das Arbeitsrecht im Dienste des Arbeitsschutzes und der Arbeitshygiene.(P.i P.,1955, H.7/8, S.67-100)

Thude,G.: Die Sozialversicherung in Westdeutschland und die Forderungen des DGB.(Arb.,1955,H.6, S.403-407)

Walter,F.: Den Haushaltsplan der Sozialversicherung richtig ausarbeiten und einhalten.(Arb.,1955,H.7, S.461-469) 8

Witz,K.;J.Žantovský;B.Roztočil.:Die Lohnvergütung bei Hindernissen in der Arbeit.(Soc.zák.,1955,H.5, S.288-301)

Zaiga,L.: Die unrechtmäßige Aufhebung von Arbeitsverhältnissen und ihre Folgen.(Bér és norma,1955,H.2, S.28-30)

16.Sonstiges

Bericht von Mitgliedern des Sekretariats der IVDJ über die Teilnahme an der Asiatischen Juristenkonferenz in Kalkutta vom 25.bis 29.Jan.1955.(Mttbl.VDJD,1955,H.2, S.4-6)

Barth,R.: Zur Fachschulung der Staatlichen Notare.(NJ,1955,H.17, S.538-539)

Cristescu,A.: Wissenschaftliche Tagung der staatlichen Bukarester "C.I.Parhon"-Universität, Abt.Rechtswissenschaft.(J.N.,1955,H.3, S.385-390)

Görner,K.: Was ist die Deutsche Sektion der Internationalen Juristen-Kommission?(NJ,1955,H.15/16, S.492-493)

Habilitationsschriften und Doktordissertationen der Martin-Luther-Universität Halle-Wittenberg im Jahre 1954.(WZ Halle,1954/55, H.4, S.571)

Knapp,V.: V.Lachout, Die Entscheidung von Streitigkeiten zwischen sozialistischen Unternehmen und Organisationen.(Rez.) (Pr.,1955, H.7, S.440-442)

Kulczyński,St.: Die Rolle der Arbeitshypothese in den Forschungsprozessen und in der Planung wissenschaftlicher Untersuchungen. (Wiss.Ann.1955,H.6, S.363-372)

Polak,K.: Für die Erhöhung des Niveaus der juristischen Vorlesungen und die Verbesserung der Erziehungsarbeit an den juristischen Hochschulen.(St R,1955,H.4, S.541.551)

Szacz,I.: Die 2.gesamtstaatliche Konferenz der juristischen Studentenzirkel.(J.K.,1955,H.5, S.318-320)

B. BIBLIOGRAPHIE AUS ZEITSCHRIFTEN DER DEUTSCHEN BUNDESREPUBLIK

Diese Bibliographie enthält eine Auswahl einschlägiger Artikel aus folgenden Zeitschriften: 1)

AcP	= Archiv für die Civilistische Praxis, Tübingen	1955,H.3
AG	= Der Arbeitgeber,Düsseldorf	1955,H.9-11. 13/14.
ArbuR	= Arbeit und Recht,Köln	1955,H.6-7
ASP	= Arbeit und Sozialpolitik,Bonn	1955,H.6-7
AUSS.POL.	= Aussenpolitik, Stuttgart	1955,H.5-6
B	= Der Betrieb,Düsseldorf	1955,H.9.19 21-25.27-28.3o/31
BArbBl.	= Bundesarbeitsblatt,Stuttgart,Köln	1955,H.9-13
BB	= Der Betriebs-Berater,Heidelberg	1955,H.13-21
DJ	= Die Justiz,Düsseldorf	1955,H.2/3
DÖV	= Die Öffentliche Verwaltung,Stuttgart, Köln	1955,H.9-13
Dokumente	= Dokumente.Zeitschrift für übernationale Zusammenarbeit,Offenburg	1955,H.3
DRiZ	= Deutsche Richterzeitung,Köln,Berlin	1955,H.5-7
DVBl.	= Deutsches Verwaltungsblatt,Köln,Berlin	1955,H.11-15
DWW	= Deutsche Wohnungswirtschaft,Düsseldorf	1955,H.5-7
FamRZ	= Ehe und Familie im privaten und öffentlichen Recht,Bielefeld	1955,H.5-7
EA	= Europa-Archiv,Frankfurt/M.	1955,H.9-14
FR	= Finanz-Rundschau (Deutsches Steuerblatt), Köln	1955,H.11-15
GAStr.	= Goltdammer's Archiv für Strafrecht,Hamburg	1955,H.6-8
Gem.u.Pol.	= Gemeinschaft und Politik,Bad Godesberg	1955,H.3-5
Gem.Tag	= Der Gemeindetag,Stuttgart,Köln	1955,H.5-6
Gew.Mon.H.	= Gewerkschaftliche Monatshefte,Köln	1955,H.5-7
GRUR	= Gewerblicher Rechtsschutz und Urheberrecht, Weinheim	1955,H.5-6
Int.Arb.Mtlgn.	= Internationale Arbeitsmitteilungen, Mehlem	1955,H.11
Int.Jb.Pol.	= Internationales Jahrbuch der Politik,München, ...	1955,H.1
ORDO	= Jahrbuch für die Ordnung von Wirtschafts und Gesellschaft,Fellbach/Württ.	195o,Bd.3

JR	= Juristische Rundschau, Berlin	1955,H.5-7
JZ	= Juristenzeitung,Tübingen	1955,H.9-14
MDR	= Monatsschrift für Deutsches Recht,Hamburg	1955,H.6-7
N.Gesellschaft	= Die Neue Gesellschaft,Bielefeld	1955,H.4
NJW	= Neue Juristische Wochenschrift,München, Berlin	1955,H.17.19-25
Öff.D.	= Der Öffentliche Dienst,Düsseldorf	1955,H.4-6
RdA	= Recht der Arbeit,München,Berlin	1955,H.5
RdJ	= Recht der Jugend,Berlin	1955,H.3.11-15
RdL	= Recht der Landwirtschaft,Hamburg	1955,H.5-6
RLA	= Rundschau für den Lastenausgleich,Hamburg	1955,H.1o-14
SCHM.JB.	= Schmollers Jahrbuch für Gesetzgebung, Verwaltung und Volkswirtschaft,Berlin .	1955,H.2-3
UStR	= Umsatzsteuer Rundschau,Köln	1955,H.11-14
	Universitas (Zeitschrift für Wissenschaft, Kunst und Literatur),Stuttgart	1955,H.5-7
WuW	= Wirtschaft und Wettbewerb,Düsseldorf ..	1955,H.5
Z.ausl.öff.R.u.VR	= Zeitschrift für ausländisches öffentliches Recht und Völkerrecht,Stuttgart,Köln	1955,Bd.16,H.1-2
Zbl.Jug.R.	= Zentralblatt für Jugendrecht und Jugendwohlfahrt, Köln,Berlin	1955,H.4-7
ZHK	= Zeitschrift für das Gesamte Handelsrecht und Konkursrecht,Stuttgart	1955,H.1-2
ZIPR	= Zeitschrift für ausländisches und internationales Privatrecht,Berlin	1955,H.1
ZMR	= Zeitschrift für Miet- und Raumrecht,Düsseldorf	1955,H.3-8
Z.Polit.	= Zeitschrift für Politik,Berlin	1955,H.1
ZvR	= Zeitschrift für vergleichende Rechtswissenschaft,Stuttgart	1955,Bd.58,H.1
ZZP	= Zeitschrift für Zivilprozeß,Berlin	1955,H.3

1) Die hier aufgeführten Hefte sind gemäß der Benutzungsordnung der Bibliothek des Deutschen Instituts für Rechtswissenschaft bedingt ausleihfähig.

1.Theorie und Geschichte des Staates und des Rechts [1)]

Agartz,V.: Wirtschaftliche Grundsätze in christlicher Schau. (Gew.Mon.H.,1955, H.5, S.274-280)

Fricke,F.: Konstruktive Gewerkschaftspolitik.(Gew.Mon.H., 1955, H.6, S.329-339) 13

Heusinger:Gesetzlichkeit,Gerechtigkeit und Menschlichkeit als Leitsterne richterlichen Strebens.(DRiZ, 1955,H.6, S.125-126) 7

Hippel,E.von: Die Grundpositionen der Rechtswissenschaft. (Universitas,1955,H.6, S.593-598)

Schulz,K.-P.: Kampf zwischen Wille und Wirklichkeit. Gedanken zur deutschen Entwicklung seit der bedingungslosen Kapitulation. (Gew.Mon.H.,1955, H.5, S.265-273)

Zimmermann,W.: Die evangelische Kirche und die Welt der industriellen Arbeit.(AG,1955,H.13/14, S.467-471) 13

2.Völkerrecht und Aussenpolitik

Abkommen zwischen der Bundesrepublik Deutschland und den Vereinigten Staaten von Amerika über gegenseitige Verteidigungshilfe vom 30.Juni 1955.(Text) (EA,1955,H.14, S.8008-8010)

Andrassy,J.: M.Zoričić, Teritorijalno more s osvrtom na otvoreno i unutarnje more,vanjski pojas i pitanja kontinentalne ravnine.(Das Territorialmeer unter Berücksichtigung der hohen See,der Eigengewässer,der zusätzlichen Zone und der Fragen des Festlandsockels.1953 (Rez.).(Z.ausl.öff.R.u.VR,1955,Bd.16,H.1, S.127-129)

Dokumente zur Aufhebung des Besatzungsstatuts und zur Auflösung der Alliierten Hohen Kommission für Deutschland.(EA,1955,H.11/12, S.7920-7923)

Bilfinger,C.: Über die Änderung territorialer Grenzen als Kriegsfolge.(Z.ausl.öff.R.u.VR.,1955,H.2, S.207-226)

Blomeyer,H.: Der Internationale Gerichtshof und die Nichtmitgliedstaaten des Statuts. Zur Auslegung der Entschließung des Sicherheitsrats vom 15.Okt.1946.(Z.ausl.öff.R.u.VR.,1955,H.2, S.256-276)

Brandweiner,H.: Atomwaffen und Völkerrecht.(DJ,1955,H.2/3, S.49-54)

Cornides,W.: Neubeginn und Kontinuität der Europapolitik seit 1945.(EA, 1955,H.11/12, S.7913-7920)

1) Die nach der Fundstelle eines Artikels angegebenen Zahlen verweisen auf die Bedeutung dieses Artikels auch für andere Fachgebiete entsprechend der hier zugrunde gelegten Systematik.

Gemeinsames Kommuniqué über die deutsch-französischen Besprechungen in Bonn vom 3o.April 1955.(EA,1955,H.1o, S.7562-7563)

Stellungnahmen europäischer Föderalisten zu Fragen der Einigung Europas.(EA,1955,H.14, S.8o18)

Fredborg,A.: Streit um Persiens Öl.(Int.Jb.Pol.,1955,H.1, S.34-51)

Die Haager Abmachungen zum Schutze der Kulturgüter im Falle eines bewaffneten Konfliktes vom 14.Mai 1954.(Z.ausl.öff.R.u.VR,1955, Bd.16,H.1, S.79-1o2)

Der Brüsseler Entwurf von 1874 und die Haager Landkriegsordnung von 1899 und 19o7 (Auszüge).(Z.ausl.öff.R.u.VR.,1955,Bd.16,H.1, S.76-77)

Hahn,G.-A.: 7.Kongreß der Association des Auditeurs et Anciens Auditeurs de l'Académie de Droit International de la Haye. (MDR,1955,H.6, S.342)

Huber,H.: Ch.de,Visscher,Théories et réalités en droit international public. Paris.1953.(Rez.).(Z.ausl.öff.R.u.VR,1955,Bd.16, H.1, S.122-125)

Jescheck,H.-H.: C.A.Pompe,Agressive war an international crime. 1953 (Rez.).(Z.ausl.öff.R.u.VR.,1955,Bd.16,H.1, S.121-122)

Die Ergebnisse des Besuchs des indischen Ministerpräsidenten Nehru in der Sowjetunion.Gemeinsame indisch-sowjetische Erklärung vom 22.Juni 1955.(EA,1955,H.14, S.8o11-8o12)

Protokoll und Notenwechsel zur Regelung des gegenseitigen Verhältnisses des Königreichs der Niederlande und der Republik Indonesien als unabhängiger souveräner Staaten vom 1o.Aug.1954. (Z.ausl.öff.R.u.VR.,1955,H.2, S.299-3o3)

Schluß-Kommuniqué der Asiatisch-Afrikanischen Konferenz in Bandung vom 24.April 1955.(EA,1955,H.1o, S.7563-7567)

Kulturabkommen zwischen der Regierung der Bundesrepublik Deutschland und der Regierung der Französischen Republik vom 23.Okt. 1954.(Z.ausl.öff.R.u.VR,1955,Bd.16,H.1, S.1o2-1o6)

Kumleben,G.: Die Vereinten Nationen nach zehn Jahren.(AUSS.POL., 1955,H.6, S.375-38o)

McGhee, G.C.: Die Türkei in der westlichen Welt.Ihr Verhältnis zu Amerika und Rußland.(AUSS.POL.,1955,H.6, S.366-374) 3

Menzel,E.: Der europäische Sicherheitspakt - ein Schritt zur Entspannung im Ost-West-Konflikt und zur Wiedervereinigung Deutschlands.(EA,1955,H.11/12, S.7891-79o6)

Merkl,A.: Die Rechtsstellung des deutschen Eigentums in Österreich.(NJW,1955,H.23, S.858-859) 3

Die Ergebnisse der Konferenz des Rates der Außenminister der Länder der Montanunion in Messina vom 1.-3.Juni 1955.(EA,1955, H.13, S.7973-7975)

Mosler,H.: Kulturabkommen des Bundesstaats.Zur Frage der Beschränkung der Bundesgewalt in auswärtigen Angelegenheiten. (Z.ausl.öff.R.u.VR.,1955,Bd.16,H.1, S.1-34) 2

Entwurf eines Abkommens zwischen den Mitgliedstaaten des Nordatlantikpakt über eine Zusammenarbeit zwecks Austausch von Atom-Informationen.(EA,1955,H.1o, S.7559-7561)

Die Ergebnisse der 16.Tagung des Nordatlantikrats.(EA,1955, H.11/12, S.7927)

Die Ergebnisse der Ministerratstagung der OEEC vom 9.u.1o.Juni 1955.(EA,1955,H.14, S.8o14-8o15)

Dokumente zur Österreichfrage.Vorschlag der Sowjetregierung für eine Viererkonferenz in Wien vom 19.April 1955.(EA,1955,H.1o, S.7561-7562)

Petitpierre,M.: Die Neutralität der Schweiz und der Europarat. (EA,1955,H.11/12, S.79o7-7912)

Potthoff,H.: Aufgaben und Möglichkeiten europäischer Integration. (Gew.Mon.H.,1955,H.7, S.393-397)

Raeymaeker,O.de.: Neue Perspektiven in der Entwicklung der internationalen Organisationen.(Int.Jb.Pol.,1955,H.1, S.2-33)

Treaty on the protection of artistic and scientific institutions and historic monuments (Roerich Pact) (Z.ausl.öff.R.u.VR,1955, Bd.16, H.1, S.78-79)

Scheuner,U.: P.Guggenheim, Traité de droit international public. T.2.1954. (Rez.) (Z.ausl.öff.R.u.VR,1955, Bd.16,H.1, S.1o9-11o)

Schlochauer,H.-J.: Rechtsformen der Europäischen Ordnung. (GRUR,1955,H.5, S.213-223) 1

Zur Frage der Sicherheit im Nahen und Mittleren Osten.Erklärung des sowjetischen Außenministeriums vom 16.April 1955.(EA,1955, H.1o, S.7567-7569)

Die Ergebnisse der sowjetisch-österreichischen Besprechungen in Moskau vom 12.-14.April 1955.(EA,1955,H.13, S.7975-7976)

Zu den Beziehungen zwischen der Sowjetunion und der Bundesrepublik Deutschland.Note der Sowjetregierung an die Regierung der Deutschen Bundesrepublik vom 7.Juni 1955.(EA,1955,H.13, S.7969-797o)

Die Ergebnisse des Besuches einer sowjetischen Regierungsdelegation in Belgrad und Brioni sowie in Sofia und Bukarest. (Sowjetunion.Jugoslawien) (Ea,1955,H.797o-7973)

Steindorff,E.: Tagung der Deutschen Gesellschaft für Völkerrecht.(JZ,1955, H.1o/11, S.351-352)

Steppat,F.: Regionale Sicherheitsbestrebungen im Mittleren Osten.(Dokumente im Anhang) (EA,1955,H.14, S.7985-8oo7)

Strebel,H.: Die Haager Konvention zum Schutze der Kulturgüter im Falle eines bewaffneten Konfliktes vom 14.Mai 1954.(Z.ausl. öff.R.u.VR.,1955,Bd.16,H.1, S.35-75) 1

Die Ergebnisse der ersten Sitzungsperiode des Rats der Westeuropäischen Union. (EA,1955,H.11/12, S.7923-7927)

Zehnter Jahrestag der Vereinten Nationen.(EA,1955,H.14, S.8o13-8o14)

Vlekke,B.H.M.: Die internationale Lage vor neuen Viermächte-Verhandlungen.(EA,1955,H.11/12, S.7886-789o)

Programm der SPD zu den Viermächteverhandlungen über die deutsche Wiedervereinigung.(EA,1955, H.11/12, S.7932-7936)

3.Staats-und Verwaltungsrecht

Ambrosius,L.: Die Abfindung verheirateter weiblicher Beamter. (Öff.D.,1955, H.4, S.64-66)

Ballreich,H.: Die französische Verfassungsreform vom 7.Dez.1954. (Z.ausl.öff.R.u.VR,1955, H.2, S.277-298)

Barthels,O.: Bericht über die Arbeitstagung zum Thema: "Die Problematik der sozialen Grundrechte in unserem Staat".(IR,1955, H.7, S.257-258) 13

Bergsträßer,A.;Th.Eschenburg.: Die Eingliederung der Streitkräfte in das Staatswesen der Bundesrepublik.(EA,1955,H.13, S.7953-7958) 2

Birkendahl,K.: Die Souveränität und der Status der Bundesrepublik nach den Pariser Verträgen.(DJ,1955,H.2/3, S.54-57)

Blaum,K.: Verwaltung der Großstädte.(DVBl.,1955,H.15,S.477-48o)

Brockmann,A.: Das Jugendamt und die freie Jugendwohlfahrtspflege.(Zbl.Jug.R.,1955,H.6/7, S.155-159)

Bukow,W.: Wirtschaftsrat und Verfassung.(N.Gesellschaft,1955, H.4, S.17-25) 13

Cornelssen,E.: Grundsätzliches zum Personalvertretungsgesetz. (ArbuR,1955,H.6, S.177-181) 13

Decker,G.: Das Recht der Deutschen auf nationale Selbstbestimmung und Wiedervereinigung.(Gem.u.Pol.,1955,H.4, S.3-1o)

Fadler,J.: Zur Neuordnung der Polizei im Lande Nordrhein-Westfalen.(Forts.u.Schluß) (Öff.D.,1955,H.6, S.1o8-112)

Görg,H.: Zur Frage der Erweiterung der Bundesauftragsverwaltung.(DÖV,1955,H.9/1o, S.273-278)

Goldstein,G.: Das Für und Wider des Kollegialprinzips in der Verwaltung.(Öff.D.,1955,H.6, S.1o1-1o4)

Gräber,F.: Die Neuorganisation der Landesjugendämter.(Ein Beitrag zu den Beratungen der Ausführungsgesetze der Länder.) (Zbl.Jug.R.,1955,H.6/7, S.145-155)

Gross,W.: Betrachtungen (Saarklage,Souveränität,Streikrecht, Widerstandsrecht,Wehrgesetzgebung).(DVBl.,1955,H.11, S.357-359; H.12, S.389-39o; H.13, S.42o-422; H.14, S.457-459)

Haarmann,W.: Die Rechtsstellung des neuen Jugendamtes in der Gemeinde.(DVBl.,1955,H.11, S.341-347) 5

Herderhorst:Die Entwicklung des öffentlichen Rechts in Bremen im 2.Halbjahr 1954.(DVBl.,1955,H.12, S.391-393)

Hoffmann,W.: Probleme des deutschen Staatsangehörigkeitsrechts und der Stand ihrer Lösung.(DVBl.,1955,H.13, S.412-416) 2

Idel,W.: Zum unbestimmten Rechtsbegriff im öffentlichen Recht. (NJW,1955,H.2o, S.733-736) 1

Köttgen,A.: Gemeindliches Satzungsrecht und Grundgesetz.(DVBl., 1955,H.14, S.445-45o)

Küster,O.: "Veräußerung ist Verschulden". Zur zivil-und rückerstattungsrechtlichen Haftung für die Weiterveräußerung des entzogenen Objekts,insbesondere von Aktien und Aktienpaketen. (NJW,1955,H.24, S.889-894) 9

Krüger,H.: Die Auflage als Instrument der Wirtschaftsverwaltung.(DVBl.,1955,H.12, S.38o-387; H.14, S.45o-457)

Lucas,W.: Die Entschädigung von Besatzungsschäden in der amerikanischen Zone. Neue Verfahrensvorschriften des amerikanischen Hohen Kommissars.(Gem.Tag,1955,H.6, S.128-129)

Maercks,O.: Nochmals: Der unbestimmte Rechtsbegriff.(DÖV,1955, H.12, S.367-369) 7

Marcus,F.: Ausführungsgesetz zur dänischen Verfassung.(Z.ausl. öff.R.u.VR.,1955,H.2, S.33o-336)

Maier,H.: Fortgeltung und Fortwirkung von Besatzungsakten. (JZ,1955,H.13, S.4o8-412)

Möller,K.-R.: Für und wider die Verwaltungsakademien.(BB,1955, H.19, S.81-83)

Panhuys,H.J.F.van: Das Statut des Königreichs der Niederlande, in Kraft getreten am 29.Dez.1954.(Z.ausl.öff.R.u.VR.,1955, H.2, S.3o4-33o)

Noch einmal: Das Personalvertretungsgesetz.(AG,1955,H.1o, S.346-348) 13

Staatsautorität und Gruppenegoismus.(Zum Personalvertretungsgesetz) (AG,1955,H.9, S.316-318) 13

Personalvertretungsgesetz verabschiedet.(AG,1955,H.12, S.430-432) 13

Peters,H.: Für und wider die Verwaltungsakademien. Entgegnung. (BB,1955,H.19, S.84-85)

Plog,E.: Die Kapitalabfindung im G 131.(Öff.D.,1955,H.4,S.61-64)

Röhl,H.: Leidet die Berufsmoral im Konkurrenzkampf? Ein Beitrag zur Diskussion um die Bedürfnisprüfung.(JZ,1955,H.12, S.372-374)

Sander,H.: Die Entwicklung des öffentlichen Rechts in Schleswig-Holstein im 2.Halbjahr 1954.(DVBl.,1955,H.14, S.459-462)

Schaffernicht,G.: Gedanken zu einer Neugestaltung des öffentlichen Rechtsberatungswesens.(DÖV,1955,H.13, S.400-402)

Schneider,R.: Immunität und "mitgebrachtes" Verfahren.(DVBl., 1955,H.11, S.350-353)

Schnorr,G.: Grundsätzliche Bemerkungen zu dem Entwurf eines 1. Beamtenrechtsrahmengesetzes.(RdA,1955,H.5, S.172-176)

Schultz,G.: Blick in die Zeit.(Saarklage,Röchling-Werke,Lex Schörner u.a.) (MDR,1955,H.6, S.336-337)

Schweiger,K.;K.Obermayer,:Rechtsverordnung im formellen Sinn? (DÖV,1955,H.12, S.360-366)

Simon:Zur Kritik am Urteil des Bundesverwaltungsgerichts zur Bodenreform vom 3.Juni 1954.(RdL,1955,H.6, S.158-159)

Stein,H.: Zum Entwurf eines Gesetzes über die Personalvertretungen in den öffentlichen Verwaltungen und Betrieben.(DJ,1955, H.2/3, S.57-60) 13

Stiebens:Das neue Siedlungsgesetz von Rheinland-Pfalz.(RdL,1955, H.6, S.156-158)

Strauß,W.: Sammlung und Sichtung des Bundesrechts.(JZ,1955,H.10/11, S.297-302)

Ule: Berufsbeamtentum und Parteienstaat.(DVBl.,1955,H.15,S.487-488)

Aktuelle Probleme der Verwaltungsgerichtsbarkeit.(JZ,1955,H.12, S.398-399) 7

Weickert,Ch.: Politik statt Recht.Zur Rechtsprechung des KG Berlin(West) in Entschädigungssachen.(DJ,1955,H.2/3, S.73-74)

Willms,G.: Zur Reform des Bundesverfassungsgerichts.(DRiZ,1955, H.6, S.126-128) 7

Wilden,H.: Die Rückerstattung nach Inkrafttreten der Bonner Verträge.(D,1955,H.22, S.525-526)

Zinser:Einführung des neuen Präsidenten des Bundesverwaltungsgerichtes.(DÖV,1955,H.12, S.369-372) 1

4.Finanz-,Steuer-und Preisrecht

Baudin,L.: Die Europäische Zahlungsunion.(Int.Jb.Pol.,1955,H.1, S.52-61) 2

Berié,H.: Änderungen des Lohnsteuerrechts durch die Steuerreform. (BArbBl.,1955,H.9, S.326-329)

Beuck,W.: Das 3.DM-Bilanz-Ergänzungsgesetz. Berichtigungsvorschriften für die Steuer-und Handelsbilanz.(FR,1955,H.14, S.319-325)

Ehlers,H.: Zur Entschädigungspflicht des Staates in Verbindung mit der Wahrnehmung hoheitlicher Aufgaben - Mängel des Rechtsschutzes.(FR,1955,H.15, S.342-345) 3

Fischer,C.E.: Die Schizophrenie unserer Finanzverfassung.(FR,1955, H.13, S.293-296)

Fischer-Menshausen,H.: Die staatswirtschaftliche Bedeutung des neuen Finanzausgleichs.(DÖV,1955,H.9/1o, S.261-265)

Flume,W.: Die Organschaft im Gewerbesteuerrecht. Unter besonderer Berücksichtigung der Organschaft zu mehreren Unternehmungen. (B,1955,H.21, S.485-495)

Grieger,R.: Ermäßigung der Einkommensteuer und Körperschaftssteuer und Wegfall des "Notopfer Berlin" für die in West-Berlin erzielten Einkünfte.(BB,1955,H.19, S.599-6o4)

Gürsching:Übersicht über die Rechtsprechung zur Grundsteuer. (BB,1955,H.15, S.471-475)

Hartog,F.: Der Weg zur vollen Konvertibilität.(Int.Jb.Pol.,1955, H.1, S.62-66)

Heckt,W.: Die gemeindliche Selbstverwaltung und die Finanzreform. (DÖV,1955,H.9/1o, S.265-27o) 3

Hüchting,P.: Der Finanzausgleich unter den Ländern.(DÖV,1955, H.9/1o, S.288-293)

Jurgeleit:Die Bewertung der nicht notierten Aktien und Anteile nach den Anteilsbewertungsrichtlinien 1953.(FR,1955,H.14, S.325-329)

Knaake,F.: Die Rechtsprechung des Bundesfinanzhofes auf dem Gebiete der Erbschaftsteuer.(BB,1955,H.2o, S.633-636) 9

Korner,E.: Freier Wechselkurs und Richtiges Geld,die Heilmittel für jedes Außenhandels-Defizit.(SCHM.JB,1955,H.3, S.47-66)

Krause,W.: Die Verwaltung von Haushaltsmitteln des Bundes durch die Länder und Gemeinden.(DÖV,1955,H.9/1o, S.278-281)

Kuhn,R.: Zur Zulässigkeit von Switchgeschäften mit dem Verrechnungs- und Dollarraum.(BB,1955,H.17, S.53o-532)

Kurzwelly,F.W.: Die Neuordnung der Kriegsfolgenhilfe.(DÖV,1955, H.9/1o, S.281-285)

Lang,H.: Umsatzsteuerliche Behandlung von Lieferungen und Leistungen an die in der Bundesrepublik stationierten Streitkräfte nach dem Inkrafttreten der Pariser Verträge.(BB,1955,H.15, S.475-476) 2,3

Maaßen:Der zukünftige Steuerprozeß.(FR,1955,H.15, S.345-349)

Mattern,G.: Das Steuergeheimnis.(BB,1955,H.21, S.645-651)

Mering,O.v.: Steuerpolitik und Vollbeschäftigungspolitik.(ORDO, 195o,Bd.3, S.1o5-134) 1,13

Reinhard: 4.LAG-Novelle verkündet und in Kraft getreten.(DWW, 1955,H.7, S.171-173)

Steiger,K.: Berlin im Finanzsystem des Bundes.(DÖV,1955,H.9/1o, S.27o-273)

Troschke,W.: Wohnungsbauförderung und Eigentumsbildung - Lastenausgleichsberechtigte,insbesondere Vertriebene.(Gem.u.Pol.,1955, H.3, S.17-28) 3,9

Wodrich,W.: Die Berechnung der Pauschbeträge in der Kriegsfolgenhilfe.(DÖV,1955,H.9/1o, S.285-288)

Wuttke,R.; Schwulst: Steuerliche Auswirkungen der Rückerstattung. Probleme und Rechtsprechung.(BB,1955,H.17, S.535-54o) 9

5.Strafrecht,Strafprozeß

Becker,W.: Englische Jugendprobleme. Bericht über eine Studienreise nach England.(1.2.) (RdJ,1955,H.14, S.228-23o;H.15,S.244-246)

Becker,W.: Sittlicher Jugendschutz und Jugendschutzgesetz. (RdJ,1955,H.12, S.188-19o;H.13, S.213-214) 3

Becker,W.: Schutz der Jugend vor der Prostitution im neuen Strafrecht.(Zbl.Jug.R.,1955,H.4, S.9o-95)

Bertram,F.: Nochmals: Kindliche und jugendliche Zeugen in Sittlichkeitsprozessen.(RdJ,1955,H.15, S.241-242)

Bindokat,H.: Zur Frage der Kuppelei bei Verlobten.(GAStr.,1955, H.6, S.167-178)

Bruns,H.-J.: Zur Frage der passiven Beleidigungsfähigkeit handelsrechtlicher Kapitalgesellschaften im Strafrecht.(NJW,1955, H.19, S.689-693) 1o

Ein Jahr Bundesprüfstelle für Jugendgefährdende Schriften. (RdJ,1955,H.14, S.231)

Dreyer,U.: Die Freiheit der Willensentschließung und Willensbetätigung im englischen Strafprozeß.(GAStr.,1955,H.8, S.237-243)

Dünnebier,H.: Können Handlungen,die sich auf gleichgeschlechtliche Betätigung beziehen,als unzüchtige Handlungen im Sinne von § 183 StGB bestraft werden,wenn die Unzucht zwischen Männern nicht mehr strafbar sein sollte?(GAStr,1955,H.7, S.203-209)

Engisch,K.: Zum Begriff des Mordes (Bemerkungen zu dem Urteil des BGH vom 14.10.1954 - 4 StR 362/54 -).(GAStr.,1955,H.6, S.161-167)

Friedrichs,K.: Der Haftbefehl nach § 230 StPO.(DRiZ,1955,H.7, S.164)

Gegenfurtner: Minderung der Arbeitslast in Strafsachen.(DRiZ, 1955,H.7, S.161-162) 7

Granicky:Auslagenvorschluß in Privatklagesachen.(NJW,1955,H.23, S.859-860)

Hahn,J.: Über die Staatsgefährdung.(DJ,1955,H.2/3, S.69-70) 3

Hartung,F.: Zum Entwurf eines Gesetzes zur Änderung der steuerstrafrechtlichen Vorschriften der Reichsabgabenordnung. (FR,1955,H.13, S.300-302) 4

Hellmer,J.: Nochmals: Zur Verfassungswidrigkeit von Erziehungsmaßregeln im Jugendgerichtsgesetz.(RdJ,1955,H.15, S.235-236) 3

Hinrichsen,K.: Heranwachsende und Jugendkriminalrecht. Zur Problematik des § 105 JGG. (RdJ,1955,H.3, S.44-48)

Kielwein,G.: Unterlassung und Teilnahme.(GAStr.,1955,H.8, S.225-232)

Kohlhaas,M.: Keine Wiedereinsetzung in Strafsachen bei Nichteinhaltung der eigentlichen Revisionsbegründungsfrist nach Erhebung der allgemeinen Sachrüge? (NJW,1955,H.20, S.742)

Kopp,W.von: Zu dem Urteil des BGH über das Züchtigungsrecht der Lehrer.(JZ,1955,H.10/11, S.319-320)

Liebers,G.: Zur Anwendung des Straffreiheitsgesetzes vom 12. Juli 1954 (BGBl. S.203). (IR,1955,H.7, S.256-257)

Mergen,A.: Zum Begriff der verminderten Zurechnungsfähigkeit im Sinne des § 51 Abs.2 StGB.(GAStr.,1955,H.7, S.193-203)

Middendorff,W.: Jugendkriminalität und Schule (1).(RdJ,1955, H.15, S.243-244)

Milz: Ist die kommissarische Vernehmung des Angeklagten nach § 233 Abs.2 StPO in Strafverfügungssachen erforderlich und zweckmäßig? (DRiZ,1955,H.7, S.163)

Müller,E.-E.: Die Entscheidung des Strafrichters bei Würdigung der Tat als Ordnungswidrigkeit.(NJW,1955,H.22, S.821-822)

Müller,W.: Filmverführte Jugendliche? Bemerkenswerte Fälle aus der jugendrichterlichen Praxis.(RdJ,1955,H.15, S.233-235)

Niese,W.: Die Rechtsprechung des Bundesgerichtshofs in Strafsachen Bd 4 u.5 der Amtlichen Sammlung - Entscheidungen zum materiellen Strafrecht.(Rez.) (JZ,1955,H.1o/11, S.32o-33o)

Potrykus,G.: Die Anrechnung von Untersuchungshaft bei Verurteilung zu unbestimmter Strafe (§ 19 JGG).(MDR,1955,H.6, S.321-323)

Potrykus,G.: Sittlicher Jugendschutz im Jugendwohlfahrtsgesetz. (RdJ,1955,H.12, S.191) 3

Potrykus,G.: Militärstrafrecht und Jugendstrafrecht.(RdJ,1955, H.3, S.5o-51)

Potrykus,G.: Die neuen Richtlinien zum Jugendgerichtsgesetz. (JR,1955,H.6, S.212-214)

Potrykus,G.: Das Verbot der reformatio in peius und das Jugendstrafrecht.(NJW,1955,H.25, S.929-931)

Riedel,H.: Einige Gedanken zur Strafrechtsreform im Bereiche der Sittlichkeitsdelikte.(RdJ,1955,H.3, S.41-44)

Riedel,H.: Sittlicher Jugendschutz im Strafrecht.(RdJ,1955,H.12, S.192-194)

Sauer,W.: Zur Behandlung der gesetzlichen Schärfungs- und Milderungsgründe.(GAStr.1955,H.8, S.232-236)

Schiefer,E.A.: 3.Norddeutsche Studienwoche über Jugendgerichtsbarkeit.(Zbl.Jug.R.,1955,H.4, S.111-112)

Schmidhäuser,E.: Fluchtverbot und Anzeigengebot bei Verkehrsunfällen.(JZ,1955,H.14, S.433-44o)

Schneble:Gerichtskostenzahlung als Bewährungsauflage nach § 24 StGB.(DRiZ,1955,H.7, S.162-163)

Schorn,M.: Welche psychologischen Anforderungen stellen die §§ 1o5 u.1o6 des Jugendgerichtsgesetzes? (RdJ,1955,H.3, S.49-5o)

Schultz,G.: Blick in die Zeit.(Rechtsmittel,Urteilsbegründung, Rechtspflege.) (MDR,1955,H.7, S.398-399) 3,7,9

Schweiger,K.: Selbstmord und Hilfeleistungspflicht.(NJW,1955, H.22, S.816-818)

Seibert,C.: Gewohnheitsverbrecher und Sicherungsverwahrung. (DRiZ,1955,H.6, S.137)

Seipp,P.: Ist die baldige Verabschiedung eines neuen Jugendarbeitsschutzgesetzes notwendig? (2).(RdJ,1955,H.3, S.52-55)

Stedler: Das Recht des Beschuldigten auf Beistand und Verteidiger im Steuerfahndungsverfahren. (NJW, 1955, H.21, S.778-781) 4

Weber, H. von: Die Durchsetzung der Grundrechte der europäischen Menschenrechtskonvention in der innerdeutschen Strafrechtspflege. (MDR, 1955, H.7, S.386-389)

6. Kriminalistik, gerichtliche Medizin

Goltz, H.: Blutalkoholgehalt und Fahruntüchtigkeit. (JR, 1955, H.5, S.169-173) 5

7. Gerichtsverfassung (einschließlich Notariat und Anwaltschaft)

Deutscher Anwaltstag 1955 in Mannheim. (DÖV, 1955, H.13, S.4o3-4o5)

Baur, F.: Die Zersplitterung der Rechtspflege - Einige Vorschläge zur Milderung ihrer Folgen. (JZ, 1955, H.1o/11, S.3o3-3o5) 3

Geschäftsordnung des Bundesarbeitsgerichts. (BArbBl., 1955, H.12, S.452-454) 13

Stellungnahmen zum Entwurf einer Bundesrechtsanwaltsordnung. (DJ, 1955, H.2/3, S.99-1oo)

Friedlaender, M.: Die Fachanwaltschaft im 2. Entwurf einer Bundesrechtsanwaltsordnung. (JZ, 1955, H.13, S.414-415) 3

Gräf, E.: Gerichtsverfassung und Gerichtsbarkeit im islamischen Recht. (ZvR, 1955, Bd.58, H.1, S.48-78)

Hirschmann, K.: Zur Funktionseinheit der rechtsprechenden Gewalt. Unter Berücksichtigung des Vorentwurfs für ein Deutsches Richtergesetz. (DRiZ, 1955, H.6, S.132-135) 3

Hochhauen, R.: Die Ausschaltung der Laienrichter. (DJ, 1955, H.2/3, S.74-76)

Janetzke, G.: Die Zeichnungsbefugnis des Staatsanwalts. (DRiZ, 1955, H.7, S.156-157)

Kleine, H.: Deutscher Anwaltstag 1955. (Bericht) (JZ, 1955, H.14, S.46o-461) 3

Ködel, H.: Über die Kollegien der Rechtsanwälte in der Deutschen Demokratischen Republik. (DJ, 1955, H.2/3, S.7o-72)

Lüdtke, E.: Mitwirkung von Richtern bei der Ernennung von Richtern. (DRiZ, 1955, H.7, S.155-156) 3

Maier, H.: Fragen der Gerichtsbarkeit im Pariser Vertragswerk. (NJW, 1955, H.24, S.894-898) 3

Marquordt, G.: Von der Einheit der Rechtsprechung. (JR, 1955, H.5, S.161-165)

Prozeßbeschleunigung nur durch Vermehrung der Richterstellen. (DRiZ,1955,H.6, S.139)

Verhältnis des Rechtsanwalts zum Richter.(DRiZ,1955,H.6, S.141)

Nochmals: Das Verhältnis des Rechtsanwalts zum Richter.(DRiZ,1955, H.7, S.167)

Neue Rechtsanwaltsordnung in Kraft getreten (Saargebiet).(BB,1955, H.16, S.489)

Die Bedeutung der rechtsprechenden Gewalt.(DRiZ,1955,H.7,S.164-165) 1

Gymnasiallehrer für Gleichstellung mit den Richtern.(DRiZ,1955, H.7, S.168-169)

Richtergesetz.(DRiZ,1955,H.6, S.142)

Stellungnahme der Innenministerkonferenz zum Richtergesetz. (DVBl.,1955,H.15, S.488-490) 3

Sauer,E.von: Konzentration der Rechtspflege. Ansprache zur Eröffnung des Deutschen Anwaltstages 1955 in Mannheim.(MDR,1955, H.7, S.383-385) 3.1

Schölz:Der DRB zum Vorentwurf für ein Deutsches Richtergesetz. (DRiZ,1955,H.7, S.170-172)

Schüle,A.: Grenzen der Klagebefugnis vor dem Gerichtshof der Montanunion.(Z.ausl.öff.R.u.VR.,1955,H.2, S.227-255) 9.10

Sonnabend: Zur Kritik an der Rechtsprechung der Entschädigungsgerichte.(DRiZ,1955,H.6, S.135-137) 3

Wecks,H.: Der Syndikusanwalt.(BB,1955,H.14, S.425)

8.Freiwillige Gerichtsbarkeit

Keidel,Th.: Aus der Rechtsprechung zur Freiwilligen Gerichtsbarkeit.(JZ,1955,H.14, S.447-448)

9.Zivilrecht,Zivilprozeß

Arndt,H.: Die verfahrensrechtlichen Entscheidungen des BGH in Zivilsachen (Bd 11-15).(DRiZ,1955,H.7, S.149-152)

Beyerle,F.: Ertragsbeteiligung als dingliches Recht.(JZ,1955, H.9, S.257-260)

Birk:Zur Zuständigkeit im Wiederaufnahmeverfahren nach §§ 578 ff. ZPO. (NJW,1955,H.25, S.939-940)

Bormann,H.: Die Kostenvergleichsmiete.(DWW,1955,H.7, S.158-162)

Bruns,H.-J.: Tagung der Zivilprozeßrechtslehrer.(Abstammungsklage,Zwangsvollstreckung) (JZ,1955,H.12, S.397-398)

Buchwald,F.: Das Verhältnis von Erbrecht und Gesellschaftsvertrag.(JR,1955,H.5, S.173-175) 1o

Das Bundesmietengesetz im Bundestag und Bundesrat.(DWW,1955, H.6, S.136-137) 4

Eisner,B.: Die Gesetzgebung Jugoslawiens auf dem Gebiete des Privatrechts 1952 - 1954,(ZIPR,1955,H.1, S.158-167)

Die Entwicklung der belgischen Mietgesetzgebung.(DWW,1955,H.6, S.128-131)

Ewald,: Der Teilzahlungsaufschlag.(MDR,1955,H.7, S.392-394)

Federau,F.: Wohnungsbau und Wohnungsbaufinanzierung in West-Berlin.(JR,1955,H.6, S.214-216)

Feuth,E.: Die Rechtsposition des Bergbautreibenden nach §§ 15o, 154 des Allgemeinen Berggesetzes.(NJW,1955,H.21, S.773-776)

Fischer,C.E.: Die Reform des Aktiengesetzes.Grundsätzliche Gesichtspunkte und einige Vorschläge für die Neufassung.(AcP., 1955,H.3, S.181-243)

Fischer,R.: Die faktische Gesellschaft.(NJW,1955,H.23,S.849-852)

Gäbelein,W.: Zur Abänderbarkeit von Entscheidungen.(JZ,1955,H.9, S.26o-263)

Ganschezian-Finck:Abbruch und Ausschlachtung von Ruinen.(NJW, 1955,H.25, S.934-938) 3

Gerckens,F.J.: Zum Mißbrauch der Testierfreiheit im Landwirtschaftsrecht.(FamRZ,1955,H.6, S.163-164)

Gerold:Die Erstattungspflicht der Gegenpartei gegenüber Streitgenossen.(NJW,1955,H.25, S.852-855)

Göppinger,H.: Inwieweit sind Entscheidungen des Landgerichts als Berufungsgericht mit Beschwerde anfechtbar? (ZZP,1955,H.3, S.14o-164)

Görres,P.: Zur Reform der Revision.(MDR,1955,H.6, S.327-329)

Hans:Das "Erste Bundesmietengesetz".(BB,1955,H.21, S.656-659)

Haver:Wegfall des Leistungsverweigerungsrechtes gegenüber Kriegslieferforderungen? Ein Beitrag zum Kriegsfolgenschlußgesetz. (BB,1955,H.15, S.465-467) 3,4

Heinisch:Die unbefugte Gebrauchsbelastung als Mietaufhebungsgrund.(ZMR,1955,H.7, S.193-196)

Hoche,U.: Die Pfändung des Anwartschaftsrechts aus der Auflassung.(NJW,1955,H.25, S.931-934)

Käfer,F.: Das Verhältnis von § 765a ZPO zu § 813a ZPO.(MDR, 1955,H.6, S.339-34o)

Kahmann H.;L.Köllner: Staatliche Exportförderung - Symptom unserer Zeit.(EA,1955,H.13, S.7959-7966) 3,4

Kobler,F.: Agrarrecht außerhalb der Bundesrepublik.(RdL,1955, H.5, S.145-146) 3

Krause,R.: Kann eine formmangelhafte Verfügung von Todes wegen rechtsgültig sein? (FamRZ,1955,H.6, S.161-163)

Larenz,K.: Die rechtliche Bedeutung von Optionsvereinbarungen. (B,1955,H.9, S.2o9-211)

Lipschitz,K.-G.: Zu den Entwürfen bundeseinheitlicher Vordrucke für das Vermögensverzeichnis in Offenbarungseidsachen nebst Merkblatt und für die Niederschrift über den Offenbarungseidtermin. (ZZP,1955,H.3, S.169-175)

Furtner,G.: Anwendbarkeit des § 864 Abs.2 BGB bei Vollstreckungsschutz.(NJW,1955,H.19, S.698-699)

Linhardt,H.: Wohnungswirtschaft und Marktwirtschaft.(DWW,1955, H.6, S.124-127;H.7, S.167-171)

Maercks:Symbolische Urteilsvollstreckung.(NJW,1955, H.22, S.82o-821)

Mager,: Sicherheitsleistung in Höhe des jeweils beizutreibenden Betrags.(ZZP,1955,H.3, S.166-169)

Die Mieterhöhung. Auf dem Wege zur Normalisierung.(DWW,1955,H.7, S.153-155)

Mölders,H.: Die Erstattung des vom Mieter geleisteten Baukostenzuschusses bei vorzeitiger Beendigung des Mietverhältnisses. (NJW,1955,H.21, S.777-778)

Möller,R-H.: Zur Frage des Zuganges von Einschreibebriefen. (MDR,1955,H.7, S.4oo-4o1)

Münzel,K.: Vorläufige Vollstreckbarkeit von Schlußurteilen im Urkunden- und Wechselverfahren.(NJW,1955,H.19, S.699-7oo)

Nehlert,G.: Der Rechtsweg bei der Umstellung von Grundpfandrechten mit spezifisch ausländischem Charakter.(JR,1955,H.5, S.165-168)

Neumann-Duesberg,H.: Einzelprobleme der überholenden Kausalität (JZ,1955,H.9, S.263-267)

Neumann-Duesberg,H.: Der Gerichtsstand der unerlaubten Handlung (§ 32 ZPO).(NJW,1955,H.19, S.696-698)

Obermann,H.: Nichterhebung der Hypothekengewinnabgabe bei fehlendem wirtschaftlichen Schuldnergewinn.(FR,1955,H.13,S.3o4-3o6) 4

Ostendorf:Die Schuldübernahme bei der Vermögensabgabe.(RLA,1955, H.13, S.2oo-2o4)

Ostler, F.: Antrag nach § 713 Abs.2 ZPO in der oberlandesgerichtlichen Instanz.(MDR,1955,H.6, S.340-341)

Pergande: Die allgemeinen Mietpreiserhöhungen.(DWW,1955,H.7, S.155-158) 4

Piepenbrock: Die Rechtsprechung des Bundesgerichtshofs in Landwirtschaftssachen.(DRiZ,1955,H.7, S.152-155)

Pohlmann: Ersatz des Kostenschadens bei Erledigung von Ansprüchen aus § 3 MSchG vor der Rechtshängigkeit.(ZMR,1955,H.6, S.161-163)

Pohlmann: Vorschußfreie Haftbefehlsvollstreckung gegen den Offenbarungseidschuldner.(BB,1955,H.21, S.652)

Rose, E.: Die Entscheidung nach dem Einspruch (§§ 338 ff ZPO). (MDR,1955,H.6, S.338-339)

Schilken, E.: Der Rüstungsauftrag. Vergebungsgrundsätze und allgemeine Ausführungs-Bedingungen des Bundesministers für Verteidigung.(BB,1955,H.19,S.592-595) 3

Schowingen, Frhr.v., K.: Zur Berufung auf den früher geleisteten Eid.(JZ,1955,H.9, S.267) 5

Schröer, L.: Amtshaftung und Enteignungsentschädigung.(JZ,1955, H.10/11, S.308-312) 3

Schütz, W.: Die Durchführung der Mieterhöhungen.(DWW,1955,H.7, S.165-167)

Schütz, W.: Prozeßrechtliche Fragen des Devisenrechts.(JR,1955, H.7, S.243-246) 4

Schumacher, A.: Zur Frage des Pfändungsschutzes bei dem Schwarzarbeiter.(ZZP,1955,H.3, S.165-166) 13

Seka, F.: Bedeutung und Umfang des Mieterschutzes.(ZMR,1955,H.8, S.225-227)

Siebel, U.R.: Zum Vertragsschluß durch Fernschreiber in Deutschland und England.(B,1955,H.30/31, S.716-717)

Sigloch, H.: Zur vindicatio filii.(AcP,1955,H.3, S.243-257)

Spies, H.: Die Festsetzung des Grundstückswerts im Zwangsversteigerungsverfahren.(NJW,1955,H.22, S.813-816)

Spies, O.: Die Lehre von der Haftung für Gefahr im islamischen Recht (ZvR,1955,Bd.58,H.1, S.79-95)

Stanka, R.: Die heutige Zerspaltung des Eigentumsbegriffes. (Universitas,1955,H.7, S.721-724) 1

Steinberg, H.: Nachträglicher Verzicht auf Grundsteuervergünstigung und Mieterschutz.(DWW,1955,H.5, S.105) 4

Steinberg, H.: Gilt der Vorrang des Hauseigentümers gemäß § 17 WBewG auch für vermieteten freien Wohnraum? (ZMR,1955,H.7, S.196-197)

Stollenwerk,A.: Sollen die Wohnungsämter noch bleiben? (DWW, 1955,H.5, S.99-1oo) 3

Streit:Steuerrechtliche Fragen bei der Abfassung von bäuerlichen Testamenten und Verträgen.(RdL,1955,H.6, S.156-158) 4

Wegerhoff,B.: Zur Prüfungspflicht bei Sicherungsübereignungen. (B,1955,H.23,S.549-55o)

Werner,A.: Vorteilsausgleichung,Kausalität und das Wesen der Schadensersatzpflicht.(NJW,1955,H.21, S.769-773)

Werthauer,K.: Die Zustellung von Anwalt zu Anwalt.(NJW,1955, H.21, S.781-782)

Wild,H.W.: Treu und Glauben bei Privatrechtsgeschäften der öffentlichen Hand.(NJW,1955,H.19, S.693-696) 3

Um die Wirtschaftlichkeit des Hausbesitzes.(AG,1955,H.13/14, S.452-454)

Witthöfft,P.: Zur Reihenfolge der Verrechnung mehrerer Leistungen aus mehreren Schuldverhältnissen nach §§ 366,367 BGB. (JZ,1955,H.12, S.374-375)

1o.Handelsrecht,Wertpapierrecht,Urheber- u. Erfinderrecht

Aders,K.: Kann eine nichterfinderische Ausgestaltung des Gegenstandes eines nicht vorveröffentlichten Patents durch ein prioritätsjüngeres Patent unter Schutz gestellt werden?(GRUR,1955, H.5, S.224-226)

Gesetzentwurf über Arbeitnehmer-Erfindungen.(AG,1955,H.13/14, S.46o-461) 13

Arras,G.: Die Rechtsstellung der Tagespresse nach dem Referenten-Entwurf eines Urheberrechtsgesetzes.Gutachtliche Stellungnahme mit Änderungsvorschlägen.(GRUR,1955,H.5, S.231-235)

Baudouin-Bugnet,P.: Die Zwangslizenzen in Frankreich.(WuW,1955, H.5, S.3o1-3o4)

Beier,F.-K.;A.Reimer:Vorbereitende Studie zur Schaffung eines einheitlichen internationalen Markenbegriffs.(GRUR,1955,H.6, S.266-28o) 12

Benisch,W.: Zur kartellrechtlichen Lage nach Beendigung des Besatzungsregimes.(WuW,1955,H.6, S.384-386)

Bock,H.: Neuere Rechtsprechung des Bundesgerichtshofes zum gewerblichen Rechtsschutz.(BB,1955,H.19,S.581-586)

Bock,H.: Aus der Rechtsprechung des Bundesgerichtshofs auf dem Gebiet des Patentrechts.(DRiZ,1955,H.6, S.129-132)

Büntig,H.: Preisempfehlungen auf gleicher Wirtschaftsstufe. (BB,1955,H.13,S.399-4o1)

Bussmann,K.: Persönlichkeitsrecht und Berichterstattung in Presse, Film und Funk.(JR,1955,H.6, S.2o2-2o5)

Bussmann,K.: Allgemeine deutsche Spediteurbedingungen(ADSp), Handelsbrauch und Kartellrecht.(WuW,1955,H.5, S.275-285)

Czapski,G.: Aktive Kartellpolitik in den Niederlanden.Die jüngsten Maßnahmen des Wirtschaftsministeriums in Bezug auf Preisbildung und Kartellvereinbarungen.(WuW,1955,H.6, S.371-375)

Die handelsrechtlichen Bestimmungen des 3.D-Markbilanzergänzungsgesetzes (Westzone und West-Berlin).(BB,1955,H.17, S.524-525)

Daig,H.-W.: Die vier ersten Urteile des Gerichtshofes der Europäischen Gemeinschaft für Kohle und Stahl.(JZ,1955,H.12, S.361-371) 2

Deringer,A.: Höchstpreisentscheidungen der Hohen Behörde zulässig. (WuW,1955,H.6, S.375-379) 4

Dürig,G.: Art.9 GG in der Kartellproblematik (NJW,1955,H.2o, S.729-733) 4

Eber,Ch.: Wichtige Neuerungen im französischen Patentrecht. (B,1955,H.3o/31, S.716)

Fahrenschon,O.: Zwangslizenz nach § 25 des Entwurfs eines Gesetzes gegen Wettbewerbsbeschränkungen.(GRUR,1955,H.6,S.281-283)

Gansmüller: Die Vorgesellschaft auf mangelhafter Grundlage. (B,1955,H.3o/31, S.713-715)

Gassert,G.: Die Kartellfrage in sozialpolitischer Sicht.(ASP, 1955,H.6, S.171-174)

Gemander,G.: Die Bedeutung der patentrechtlichen Vorfragen für die Zuständigkeitsregelung nach § 51 PatG.(GRUR,1955,H.6, S.263-266)

Gruß,L.: Die Fortführung eines Handelsgeschäfts durch eine Erbengemeinschaft.(B,1955,H.24, S.573-574)

Heim,W.: Die rechtliche Bedeutung des Frachtbriefs im Güterverkehr.(JR,1955,H.5, S.176-178)

Heine:Reform des Patentwesens? (B,1955,H.19, S.449-45o)

Heintz,K.: Vertikale Preisbindung bei Markenartikeln zulässig? (BB,1955,H.16, S.494-496) 4

Hünke,C.: Der Ausfuhrswitsch ist unzulässig.(BB.,1955,H.2o, S.624-626) 4

Isay,R.: Wirtschaftliche und rechtliche Konsequenzen des Böhm-Entwurfs.(WuW,1955,H.6, S.339-352)

Junckerstorff,K.: Jahresbilanz der internationalen Kartellpolitik.(MDR,1955,H.7, S.389-392)

Junckerstorff,K.: Welttwettbewerbs-Chronik des Internationalen Wettbewerbsinstituts in Brüssel.(WuW,1955,H.5, S.295-3o1)

Klauss,H.: Wiederholungsgefahr und Schadensersatzanspruch bei wettbewerbswidrigen Handlungen.(JZ,1955,H.14, S.444-446)

Laun,K.v.: Die Haftung für den fremden Transportabschnitt beim Durchkonnossement.(ZHK,1955,H.1/2, S.1-34)

Kronstein,H.: Die Politik des Wettbewerbs in den Vereinigten Staaten von Amerika.(ORDO,195o,Hd.3, S.75-1o4)

Mestmäcker,E.-J.: Der Böhm-Entwurf eines Gesetzes gegen Wettbewerbsbeschränkungen.(WuW,1955,H.5, S.285-295)

Meyer,F.: Wandelschuldverschreibungen.(NJW,1955,H.18,S.549-551)

Neumann-Duesberg,H.: Probleme des Betriebsverfassungs-und Konzernrechts.(ZHK,1955,H.1/2, S.35-56) 13

Riedel,H.: Der minderjährige Urheber.(RdJ,1955,H.13, S.2o6-2o9)

Röper,B.: Der wirtschaftliche Hintergrund der Kartell-Legalisierung durch das Reichsgericht 1897.(ORDO,195o,Bd.3,S.239-25o)

Rotondi,M.: Ein System des gewerblichen Rechts.(ZHK,1955,H.1/2, S.57-67)

Scheyhing,R.: Zur Abgrenzung von Sonderveranstaltung und Sonderangebot.(WuW,1955,H.6, S.38o-384)

Scott-Deiters,W.: Gesetzentwurf zum Schutz der freien Konkurrenz. (WuW,1955,H.6, S.378-379)

Siebert,W.: Die Nachfolge von Todes wegen in die Mitgliedschaft des Gesellschafters einer Offenen Handelsgesellschaft.(NJW,1955, H.22, S.8o9-813) 9

Spiess,F.: Die Streitwertberechnung in Prozessen des gewerblichen Rechtsschutzes - Umsatz oder Reingewinn? (GRUR,1955,H.5, S.227-231) 9

Summerer,L.: Rechtsform und wirtschaftliche Bedeutung des Verbots der Preisdiskriminierung.(WuW,1955,H.6, S.353-371) 4

Thiesing,J.: Die Neuordnung der Eisen-und Stahlindustrie im Gebiet der Bundesrepublik Deutschland.(JZ,1955,H.13,S.412-414) 3

Ulmer,E.: Deutsche und französische Urheberrechtsreform.(JZ,1955, H.13, S.4o1-4o8)

Veith,H.-J.: Handelsrechtliche Auswirkungen des 3. DM-Bilanzergänzungsgesetzes.(B,1955,H.28, S.661-662)

Völp,F.: Einlösung ungedeckter Schecks durch die Bank.Ein Beitrag zur Lehre vom Kontokorrent.(NJW,1955,H.22, S.818-82o)

11. Familienrecht

Ballerstedt,K.: Haftung des Ehegatten als Stellvertreters für culpa in contrahendo? Eine Betrachtung zum Ehevermögensrecht. (FamRZ,1955,H.7, S.200-203)

Becker,H.-J.: Eheschließung in Portugal.Ein weiterer Beitrag zur Frage "Kirchliche Trauung oder Ziviltrauung".(FamRZ,1955, H.7, S.204-205)

Breetzke:Soll eine erloschene Anfechtungsbefugnis des Scheinvaters wieder aufleben? (NJW,1955,H.20, S.739-740)

Breetzke,:Die Frist zur Ehelichkeitsanfechtung.(FamRZ,1955,H.6, S.159-160)

Egner,E.: Ökonomische Probleme der Familienpolitik.(Zur Kinderbeihilfe) (SCHM.JB.,1955,H.3, S.67-92) 4

Gernhuber,J.: Die Schwägerschaft als Quelle gesetzlicher Unterhaltspflichten. Zugleich ein Beitrag zum allgemeinen Eherecht und zum Ehegüterrecht.(FamRZ,1955,H.7, S.193-200)

Habscheid,J.W.: Das Familiengericht.Ein Beitrag zur Rationalisierung der Rechtspflege.(FamRZ,1955,H.6, S.153-156) 3,7

Haegele:Allgemeine Gütergemeinschaft und Schenkungssteuer. (FamRZ,1955,H.6, S.165) 4

Hees:Die Verpfändbarkeit des Hausratentschädigungsanspruchs (Kann der Hausratentschädigungsanspruch von einem Ehegatten allein verpfändet werden?) (RLA,1955,H.12, S.179-181)

Hoffmann,H.: Über Rechtsbeziehungen zwischen Ost und West. (JR,1955,H.6, S.216-217)

Lenz,Gl: Die fortgesetzte Gütergemeinschaft der vor dem 1.Jan. 1900 geschlossenen Ehen und die Gleichberechtigung.(MDR,1955, H.7, S.399-400)

Mattern,G.: Familie und Steuergeheimnis.(FamRZ,1955,H.6, S.164-165) 4

Meyer,E.: Vorläufige Vollstreckbarkeit wegen zurückliegender Unterhaltsansprüche.(NJW,1955,H.20, S.740) 9

Meyer,K.E.: Der Ehegatte als Verrichtungsgehilfe.(FamRZ,1955, H.6, S.156-158) 9

Pelle,L.: Zur Frage der Volljährigkeits-und Ehemündigkeitserklärungen.(Zbl.Jug.R.,1955,H.5, S.117-123)

Popp,R.: Verzeihung durch ehelichen Verkehr? (FamRZ,1955,H.6, S.160-161)

Rammos,G.: Die Eheschließung nach geltenden griechischem Recht. (FamRZ,1955,H.6, S.166-168)

Schulze,D.: Klagrücknahme in der Berufungsinstanz und Rechtskraft des erstinstanzlichen Urteils in Ehesachen.(DRiZ,1955,H.7, S.158-159) 9

Schwab,K.H.: Probleme der Abstammungsklage.(ZZP,1955,H.3,S.121-14o) 9

Siebert,W.: Die elterliche Gewalt der Mutter nach §§ 1684 ff.BGB. (JR,1955,H.7, S.241-243)

Spiritus,H.: Obligatorische oder fakultative Wahl des ehelichen Güterstandes? (FamRZ,1955,H.7, S.2o3-2o4)

Ven,J.J.M.van der: Die Ehe als Rechtsinstitut und als Liebesverhältnis.(FamRZ,1955,H.6, S.166)

Webler,H.: Adoptions-Markt.(Zbl.Jug.R.,1955,H.5, S.123-125)

Weimar,W.: Die Dienstleistungspflicht der Kinder im elterlichen Haushalt und Betrieb.(FamRZ,1955,H.6, S.158-159)

12.Internationales Privatrecht

Fragistas,Ch.N.: Griechische Rechtsprechung auf dem Gebiete des internationalen Privatrechts 1946 - 1953.(ZIPR,1955,H.1,S.144-157) 11

Makarov,A.N.: Gesetzliche Normen des internationalen Privat-und Zivilprozeßrechts in Deutschland.(ZIPR,1955,H.1, S.1o5-121)

Neuhaus,P.H.: Familieneinheit im internationalen Privatrecht.Zugleich ein Beitrag zur Versöhnung von Staatsangehörigkeits-und Domizilprinzip.(ZIPR,1955,H.1, S.52-65) 11

Neumayer,K.H.: Ehescheidung und Wiedererlangung der Ehefähigkeit. Eine kollisionsrechtliche Betrachtung zum Phänomen der gespaltenen Ehe.(ZIPR,1955,H.1, S.66-85) 11

Niederländer,H.: Materielles Recht und Verfahrensrecht im internationalen Privatrecht.(ZIPR,1955,H.1, S.1-51)

Serick,R.: Zur Enteignung juristischer Personen in der sowjetischen Besatzungszone Deutschlands.(ZIPR,1955,H.1,S.86-1o4) 3,9

13.Arbeitsrecht

Agartz,V.: Lohn,Arbeitszeit und Produktivität.(Gew.Mon.H.,1955, H.6, S.347-353)

Die Beziehungen zwischen Arbeitnehmern und Arbeitgebern. (ArbuR,1955,H.7, S.213-214)

Frankreich: Neues Verfahren bei Arbeitskonflikten.(AG,1955,H.1o, S.364-365)

Sozialer Rechtsstaat und Arbeitsrecht.(AG,1955,H.11, S.4o4-4o5) 1

Empfehlung des Europäischen Wirtschaftsrates (OEEC) vom 2.Juli 1954 zu den Normen für die Organisation der Arbeitsverwaltung. (BArbBl.,1955,H.12 S.450-452) 2

Becker,W.: Zur Frage der Berufsschulpflicht.(RdJ,1955,H.11, S.174-176)

Benner,J.: Grenzen der Haftung der Betriebsratsmitglieder. (ArbuR,1955,H.6, S.165-169)

Bötticher,E.: Die Handhabung des Bestandsschutzes beim Kettenvertrag (Kettenarbeitsvertrag).(BB,1955,H.21, S.673-675)

Boldt,G.: Der Tarifvertrag über die Betriebsverfassung des rheinisch-westfälischen Steinkohlenbergbaus.(RdA,1955,H.5, S.169-172)

Borrmann,:Der Anspruch auf Urlaubsabgeltung.(B,1955,H.21, S.509-510)

Brügel,J.W.: Der Stand der internationalen Gewerkschaftsbewegung nach dem 4.Weltkongreß des IBFG.(EA,1955,H.14,S.8015-8018) 1

Brüggemann,W.-D.: Die Arbeitslosenversicherung in USA.(BArbBL., 1955,H.9, S.317-322)

Bührig,E.: Tarif-und arbeitsrechtliche Fragen zur Verwirklichung der Fünftagewoche.(Gew.Mon.H.,1955,H.5, S.294-300)

Bues,H.: Kinderarbeit. Aus den Jahresberichten der Gewerbeaufsichtsämter für die Jahre 1951 und 1952.(RdJ,1955,H.11,S.176-179; H.12, S.197-198)

Bund:Auswirkungen der Arbeitsunterbrechung durch Krankheit auf die Urlaubsdauer.(RdA,1955,H.6, S.222-223)

Butz,H.H.: Form und Inhalt von Anstellungsverträgen. Hinweise für die betriebliche Praxis unter Berücksichtigung der Arbeitsrechtlichen Rechtsprechung.(B,1955,H.23, S.557-559; H.24,S.581-582)

Coester,F.: Die Vierzigstundenwoche und unsere wirtschaftlichen Möglichkeiten.(ASP,1955,H.7, S.215-217) 1

Dahns,P.: Abtretung,Pfändung und Vererblichkeit des Urlaubsanspruches.(B,1955,H.25, S.604-606)

Das Aktionsprogramm des DGB.(AG,1955,H.9, S.304-306)

Endemann,H.: Das Probearbeitsverhältnis in der neueren Rechtsprechung.(ArbuR,1955,H.6, S.169-175)

Tariferhöhung und übertarifliche Entlohnung.(AG,1955,H.13/14, S.487-488)

Fechner,E.: Sozialer Rechtsstaat und Arbeitsrecht.(RdA,1955, H.5, S.161-168) 1

Fehrs,D.: Die Tätigkeit der Gerichte für Arbeitssachen in der Bundesrepublik Deutschland in den Jahren 195o bis 1954. (BArbBl.,1955,H.lo, S.37o-372)

Frey,E.: Die Rechtsfindungsmethoden des Bundesarbeitsgerichtes. (ArbuR,1955,H.7, S.2o6-2o9)

Galperin:Zum Recht der Arbeitnehmer auf Weiterbeschäftigung im Falle der Betriebsnachfolge.(RdA,1955,H.5, S.187)

Gassert,G.: Rechtsanspruch oder Bedürftigkeitsprüfung? (Zu sozialversicherungsrechtl.Problemen der Sozialreform) (ASP,1955,H.7, S. 2o2-2o6)

Gercken,W.: Nochmals: Geldsammlungen im Betrieb zugunsten streikender Arbeitnehmer? (AG,1955,H.9, S.328-329)

Gewerkschaft und Polizei.(AG,1955,H.11,S.384-385) 2

Göttel:Die Gerichte für Arbeitssachen im Jahre 1954.(RdA,1955, H.5, S.182-186)

Gramsch,H.: Gedanken zur Gestaltung der freiwilligen Krankenversicherung,insbesondere ihrer Beiträge.(ASP,1955,H.6, S.183-185)

Gumpert,J.: Wann muß der Arbeitgeber den Arbeitnehmer von Schadensersatzpflichten gegenüber Dritten freistellen? (BB,1955,H.15, S.48o-483)

Heimann: Die Ergänzung von beschlußunfähigen Aufsichtsräten,wenn die Arbeitnehmer von ihrem in § 76 BetrVG vorgesehenen Recht keinen Gebrauch machen.(RdA,1955,H.6, S.219-22o)

Heimann,E.: Zur Streikentscheidung des Bundesarbeitsgerichtes. (BB,1955,H.19, S.6o5)

Heinze:Die Statistik des Verbandes Deutscher Rentenversicherungsträger.Ein Grundstein für die Bilanz der Rentenversicherung. (ASP,1955,H.7, S.226-229)

Herbst,K.W.: Die Errichtung der Zentralstelle für Arbeitsvermittlung.Ein Fortschritt in der Vermittlung von gehobenen leitenden Angestellten.(AG,1955,H.lo, S.36o-361)

Herr,W.: Noch einmal: Prozeßvertretung durch Angestellte gemischt-gewerblicher Arbeitgeberverbände.(AG,1955,H.12, S.445-446)

Herschel,W.: Bundesarbeitsgericht und Rechtseinheit.(BArbBl., 1955,H.lo, S.365-366) 2,1

Herschel,W.: Rationalisierung des Rechts und der Rechtspflege, namentlich im Arbeitsrecht.(RdA,1955,H.6, S.2o1-2o5) 2

Hertz-Kleptow,J.: Noch einmal: Arbeitnehmervertretung im Bayerischen Senat.(AG,1955,H.13/14, S.487)

Heyn,W.: Wann sind Gesellschafter von Gesellschaften mit beschränkter Haftung, offenen Handelsgesellschaften und Kommanditgesellschaften sozialversicherungspflichtig? (BB,1955,H.17, S.545-547) 1o

Hörnig,F.: Nochmals: Zum Recht der Arbeitnehmer auf Weiterbeschäftigung im Falle der Betriebsnachfolge.(ArbuR,1955,H.6, S.184-185)

Honsberg,D.: Bemerkungen zur Ratsempfehlung des Europäischen Wirtschaftsrates (OEEC) zu den Normen für die Organisation der Arbeitsverwaltung.(BArbBl.,1955,H.12, S.473-474) 3

Hunn,F.: Rechtspolitische Betrachtung zum Problem der Anfechtung des Arbeitsverhältnisses.(ArbuR,1955,H.7,S.2o3-2o5)

Jaerisch:Zum Kündigungsschutzrecht. Aus der neueren Rechtsprechung des Bundesarbeitsgerichts.(ASP,1955,H.7, S.221-225)

Jaerisch:Über die Rechtslage bei Streik und Aussperrung.(ASP, 1955,H.6, S.19o-191)

Jaerisch:Zur neueren Rechtsprechung des Bundesarbeitsgerichts zum Recht der Arbeitskämpfe.(JR,1955,H.7, S.249-253)

Zum garantierten Jahreslohn.(AG,1955,H.12, S.432-434)

Sozialversicherung und Versorgung. Das neue Kassenarztrecht. (AG,1955,H.11, S.41o)

Kisker,K.: Zur Debatte um die 4o-Stunden-Woche.(AG,1955,H.12, S.446-448)

Klönne,A.: Probleme der Jugendarbeit.(RdJ,1955,H.13,S.2o3-2o6)

Knoll,E.: Sollen bei Arbeits-und Dienstunfällen Schmerzensgeldansprüche gegen den Arbeitgeber gewährt werden?(JZ,1955,H.1o/11, S.318-319)

Köhnen,G.: Berufsschule und Betrieb.(RdJ,1955,H.11, S.172-174)

Krüger,H.: Streik und Aussperrung als Rechtfertigung des Arbeitsvertragsbruches.(BB,,1955,H.2o, S.613-616)

Krüger,H.: Verfassungsrechtliche Probleme der Frauenlohnurteile des Bundesarbeitsgerichts.(RdA,1955,H.6, S.2o5-21o) 3

Kuck,K.-H.: Die Selbstverwaltung im neuen AVAVG.(ASP,1955,H.6, S.178-181)

Latten: Bericht über den 1.Weltkongreß über die Verhütung von Arbeitsunfällen, Rom 1955.(BArbBl.,1955,H.12, S.496-499)

Leder,H.: Zur Auskunftspflicht des Arbeitgebers bei Einstellungen-§ 61 Abs.1 BVG.(AG,1955,H.11, S.4o2-4o4)

Lillich,K.: Zum Weg der deutschen Gewerkschaften.(Gew.Mon.H., 1955,H.5, S.281-286) 1,3

Marbach,F.: Das "Friedensabkommen" in der schweizerischen Metall-industrie.(Gew.Mon.H.,1955,H.6, S.340-346) 1

Maurer,K.: Arbeitsbehinderung für verhältnismäßig unerhebliche Zeit.(ArbuR,1955,H.7, S.214-216)

Meis,W.: Unaufschiebbarkeit eines neuen Jugendarbeitsschutzge-setzes.(RdJ,1955,H.11, S.169-172; H.12, S.195-197)

Meissinger,H.: Aufgaben und Ziele der Sozialen Selbstverwaltung. (ArbuR,1955,H.7, S.200-203) 3

Meissinger,H.: Das Betriebsratsamt nach dem Streik.(B,1955,H.30/31, S.725-727)

Minemura,T.: Das Tarifrecht in Japan.(RdA,1955,H.6, S.217-218)

Rund um die betriebliche Mitbestimmung.(AG,1955,H.9, S.321-323)

Molitor,E.: Zur Streikentscheidung des Bundesarbeitsgerichtes. (BB,1955,H.14, S.454-455)

Müller,G.: Die Rechtsprechung des Bundesarbeitsgerichtes zur Zuläs-sigkeit von Revisionen.(BB,1955,H.20, S.642-643) 7

Neumann-Duesberg,H.: Arbeits-und sozialrechtliche Probleme des Bundesentschädigungsgesetzes.(RdA,1955,H.6, S.213-216) 3

Neumann-Duesberg: Unterbrechung des Kausalzusammenhangs und schuldhaftes Mitverursachen bei fehlerhaften Betriebsratshand-lungen.(JR,1955,H.6, S.205-207)

Nikisch,A.: Streik und Aussperrung in der Sicht des Bundesar-beitsgerichts.(JZ,1955,H.14, S.440-444)

Orda,K.-H.: Funktionen des Beitrags in den sozialen Rentenver-sicherungen.(BArbBl.,1955,H.11, S.423-428)

Osthold,E.-A.: Der Kündigungsschutz der vom Kündigungsschutzge-setz nicht betroffenen Personen.Ein Beitrag zur Rechtsprechung des Bundesarbeitsgerichts zu § 66 Abs.1 Betr.VG.(AG,1955,H.13/14, S.486-487)

Popp,L.G.: Bedingt Gruppenwechsel eines Betriebsratsmitgliedes Ausscheiden aus dem Betriebsrat? (B,1955,H.27, S.649-650)

Potthoff,E.: Der Angriff gegen die Montan-Mitbestimmung.(Gew. Mon.H.,1955,H.5, S.287-294) 3,10

Potthoff,E.: Betrieb und Gesellschaft (N.Gesellschaft,1955,H.4, S.3-16) 1

Priedigkeit:Zur Zulassung der Rechtsanwälte vor den Arbeitsge-richten.(RdA,1955,H.6, S.218-219) 7

Rewolle,H.-D.: Die Beschäftigung Schwerbeschädigter in Heimar-beit.(ArbuR,1955,H.7, S.210-213)

Riedel,H.: Reform des Jugendarbeitsschutz-Rechts.(Zbl.Jug.R., 1955,H.4, S.95-102)

Bocktäschel,O.: Die Ursachen der Rentengewährung in der Invaliden-und Angestelltenversicherung.(BArbBl.,1955,H.11, S.428-438)

Rose,M.: Der drohende Lehrlingsmangel und seine Linderung. (ASP,1955,H.7, S.213-214)

Rothe,H.: Unbezahlter Urlaub im Sozialversicherungsrecht.(B,1955, H.28, S.666)

Rüstig,H.: Die Gerichte für Arbeitssachen im Jahre 1954.(ArbuR, 1955,H.6, S.181-184)

Schelp,G.: Grundsätzliche Unterschiede zwischen dem deutschen und dem amerikanischen Arbeitsrecht.(BArbBl.,1955,H.10, S.367-369)

Die freiwillige Schlichtungsvereinbarung in der Metallindustrie. (AG,1955,H.13/14, S.457-458) 1

Schmöe:Kritische Betrachtungen zum Begriff der "Teilnahme am allgemeinen Verkehr" im Gesetz über die erweiterte Zulassung von Schadensersatzansprüchen bei Dienst-und Arbeitsunfällen vom 7.Dez. 1943.(RdA,1955,H.6, S.220-222)

Schnorr:Der Streik als unerlaubte Handlung im Sinne des § 826 BGB. (RdA,1955,H.6, S.223-224)

Schregle:Die 38.Tagung der Internationalen Arbeitskonferenz.(RdA, 1955,H.5, S.188)

Schregle,J.: Ausländische Arbeitsgesetzgebung.(Afrika) (RdA,1955, H.5, S.190-192)

Schürholz,F.: Wem gehört der Betrieb? (AG,1955,H.11, S.395-396)

Schunck,E.: Passives Wahlrecht von Arbeitnehmern konzernabhängiger Unternehmen zum Aufsichtsrat des herrschenden Unternehmens. (NJW,1955,H.19, S.700-701) 10

Seib,G.: Die Internationale Arbeitskonferenz 1955.(AG,1955,H.11, S.397-398)

Siebert,W.;M.Hilger:Keine Mitbestimmung des Betriebsrates bei Festsetzung der Arbeitszeit im Einzelfalle.(Urteils-Anm.) (BB,1955,H.21, S.669-671)

Siegert: Privater Versicherungsverkehr nit dem Ausland. Neue Devisenvorschriften (Westzone und West-Berlin).(NJW,1955,H.18, S.557-558) 4

Eine Tagung der Gesellschaft für Sozialen Fortschritt e.V. (BArbBl.,1955,H.11, S.439-441) 1

Sozialer Rechtsstaat und Arbeitsrecht.(DRiZ,1955,H.7, S.165-166) 1

Zur Neuordnung der Sozialleistungen.Die Beratungsergebnisse des Beirats beim Bundesarbeitsministerium und die Grundgedanken eines für den Bundeskanzler erstatteten wissenschaftlichen Gutachtens.(AG,1955,H.12, S.438-442)

Um die betriebliche Sozialpolitik.(AG,1955,H.9, S.314-316)

Diskussionen um die betriebliche Sozialpolitik. (BarbBl.,1955, H.11, S.441-443) 1

Die Denkschrift des Bundesarbeitsministers zur Gesamtreform der sozialen Leistungen.(Sozialreform) (AG,1955,H.1o, S.368-371)

Dornenvolle Sozialreform.(AG,1955,H.1o, S.346)

Gesellschaft für Sozialen Fortschritt: Familie und Sozialreform. (AG,1955,H.9, S.332-334) 11

Leitgedanken der Bundesvereinigung zur Sozialreform.(AG,1955, H.13/14, S.494-496)

Spiegelhalter,F.: Die quantitative Bedeutung der betrieblichen Altersversorgung. (AG,1955,H.13/14, S.474-48o)

Streik und Arbeitsvertrag (BAG-Beschluss vom 28.Jan.55).(BB,1955, H.13, S.412-415)

Die Streiks im Jahre 1954.(AG,1955,H.1o, S.352-354)

Rechtsfragen des Streiks und der Aussperrung.(BAG-Beschluß v. 28.Jan.1955) (B,1955,H.19, S.455-46o)

Streiks in den Vereinigten Staaten.(Int.Arb.Mtlgn.,1955,H.11, S.6-9)

Das Streikrecht in der Demokratie.(JZ,1955,H.1o/11, S.352-353) 3

Eine problematische Streikvollmacht.(AG,1955,H.13/14, S.458-459) 1

Trieschmann,G.: Zur Bedeutung der Vorschrift des § 12 Abs.6 ArbGG. (BArbBl.,1955,H.10, S.372-374)

Noch einmal die Vierzig-Stundenwoche.(AG,1955,H.11, S.382-384)

Vogel,G.: Die gesetzlichen Förderungsmöglichkeiten der Berufsausbildung in der Bundesrepublik.(BArbBl.,1955,H.13, S.514-52o)

Wagnitz,L.: Alterssicherung - Indexrente - Renten-Mehrbetragsgesetz.(ASP,1955,H.6, S.174-178)

Weber,K.-H.: Die Unternehmer-Haftpflicht für Arbeitsunfälle und Berufskrankheiten in den USA. Rechtliche Grundlagen und Durchführung.(BArbBl.,1955,H.13, S.52o-526)

Werhahn,H.: Die besoldungsrechtlichen Verbesserungen des 4.und des 5.niedersächsischen Gesetzes über Maßnahmen auf dem Gebiete des Besoldungs-und Versorgungsrechts vom 25.Jan.1955. (Öff.D.,1955,H.5, S.9o-93) 3

Weimar,W.: Inwieweit kann der Arbeitgeber einen von ihm geförderten Arbeitnehmer an sich binden? (ArbuR,1955,H.6, S.175-177)

Winkler,C.H.: Die 38.Tagung der Internationalen Arbeitskonferenz.(AG,1955,H.13/14, S.480-482) 1

Winterfeld,A.v.: Der Wirtschaftsausschuß.(ArbuR.,1955,H.6, S.161-165; H.7, S.193-199)

Witting,U.: Erkenntnisse aus der Lohn-und Gehaltsstrukturerhebung 1951.Gehaltsverhältnisse der Angestellten.(BArbBl.,1955,H.13, S.529-533)

14.Juristische Ausbildungs-und Prüfungsfragen

Die Fakultätenkonferenz und die Studienreform.(JZ,1955,H.14, S.446-447)

Gerber,H.: Grundfragen des akademischen Disziplinarrechts.(DVBl., 1955,H.15, S.480-485) 3

Maack,H.: Akademische Disziplinargerichte. Ein grundsätzliches Wort zu ihrer Neuordnung.(DÖV,1955,H.12, S.354-359) 3,7

15.Sonstiges

Aubin,B.: Internationaler Verband der Rechtswissenschaft.(JZ, 1955,H.9, S.291)

Bachof,O.: Walter Jellinek (JZ,1955,H.13, S.429-430)

Walter Jellinek .(DVBl.,1955,H.13, S.409) 3

128. Tagung des Verwaltungsrates der Internationalen Arbeitsorganisation.(BArbBl.,1955,H.9, S.330-331)

Gründung einer Deutschen Sektion der Internationalen Juristen-Kommission.(JZ,1955,H.13, S.429)

Juristische Gesellschaft zu Kassel.(JZ,1955,H.10/11, S.353)

Mezger,E.: Die Reform des Rechtsstudiums und der Rechtsanwaltsordnung in Frankreich.(JZ,1955,H.10/11, S.313-318)

Die rechtswissenschaftlichen Fakultäten in ihrer derzeitigen Zusammensetzung.(JZ,1955,H.10/11, S.25 -26)

Wehrhahn,H.: Zusammenarbeit deutscher und französischer Juristen. (JZ,1955,H.9, S.291-292)

C. 2.(12.) VERZEICHNIS DER NEUERWERBUNGEN DER BIBLIOTHEK DES DEUTSCHEN INSTITUTS FÜR RECHTSWISSENSCHAFT [1)]

I. ALLGEMEINES

1. Allgemeine und bibliographische Nachschlagewerke, Wörterbücher, Buch- und Bibliothekswesen

Bibliographie zur Geschichte der deutschen Arbeiterbewegung. Eine Auswahl der seit 1945 im Gebiet der DDR erschienenen Veröffentlichungen. Leipzig 1955. 94 S. I Ea 10675

Arbeits- und Sozialrecht in Zeitschriften. Eine systemat. Bibliographie von Aufsätzen. Bearb. von E. Cornelssen. Jg. 1948 - 1953.1954. Bd 1.2. Hamburg, Berlin, Bonn 1954/1955. Bd 1: 232 S. Bd 2: 319 S. II Ea 10452

Arnim, M.: Internationale Personalbibliographie 1800-1943. 2. verb. u. stark verm. Aufl. Bd 1.2. Stuttgart 1952. Bd 1: 706 S. Bd 2: 834 S. II Eb 236

Sigel-Liste der Bibliotheken der Deutschen Demokratischen Republik und des Demokratischen Sektors von Groß-Berlin. Berlin 1955. 52 S. I Ea 7951

Kürschners Volkshandbuch. Deutscher Bundestag. 2. Wahlperiode 1953/57. Darmstadt 1954. 592 S. II Ea 10399

Egbert, L.D.: Law Dictionary English-Espanol-Français-Deutsch. New York 1949. 637 S. V Ea 10339

Gesetze finden leicht gemacht. Zusammengest. u. bearb. von H. Adomeit. Berlin 1955. 499 S. I Ea 10771

Hautmann-Münch: Kleines Staatslexikon für jedermann. München 1955. 340 S. II Ea 10945

Hiller, H.: Wörterbuch des Buches. Frankfurt/M. 1954. 307 S. II Ea 10527

Hoffmeister, J. Wörterbuch der philosophischen Begriffe. 2. Aufl. Hamburg 1955. 687 S. II Ea 10797

Kniepkamp, H.P. Rechtswörterbuch. Legal Dictionary. 2. Aufl. T. 1: Englisch- deutsch. T. 2: Deutsch- englisch. Berlin 1954. 216 S. II Ea 10462

1) Die hier angezeigte Literatur ist gemäß der Benutzungsordnung der Bibliothek des Deutschen Instituts für Rechtswissenschaft für die Mitglieder des Deutschen Instituts für Rechtswissenschaft, Ministerien und zentrale Institutionen der Deutschen Demokratischen Republik und nach der Leihverkehrsordnung der Bibliotheken ausleihfähig. - Verzeichnis 1 - 10 ist enthalten im Mitteilungsblatt des Deutschen Instituts für Rechtswissenschaft 1953, Nr. 1 - 1955, Nr. 3.

Kosicki,J.;W.Kozłowski: (Bibliographie der Literatur aus den Jahren 1944-1953 über Kriegsverbrechen der Nazis,poln.:) Bibliografia piśmiennictwa polskiego za lata 1944-1953 o hitlerowskich zbrodniach wojennych. Warschau 1955. 177 S. IV Ea 7877

Ploetz,K. Hauptdaten der Weltgeschichte.27.Aufl.Würzburg 1951. 280 S. II Ea 10540

NJW-Fundhefte.Nachweis der deutschen Rechtsprechung und Zeitschriftenaufsätze. H.6: Steuerrecht.München,Berlin 1955. 561 S. II Eb 232

Vaneček,V.:(Schrifttum zur Staats- und Rechtsgeschichte in der CSR,tschech.:) Skripta k dějinám státu a práva v Ceskoslovensku. Prag 1954. 117 S. IV Eb 225

Wittkowski,A.:Schrifttum zum Marschallplan und zur wirtschaftlichen Integration Europas. Bad Godesberg 1953. 381 S. II Ea 10720

2.Biographien

Schötzki,H.: Florian Geyer.Eine biograph.Studie.Berlin 1955. 115 S. I Ea 10691

Freiherr vom und zum Stein. Schriften von und über Stein. Berlin 1955. 742 S. I Ea 10689

3.Werke von und über Marx,Engels,Lenin,Stalin.-Marxismus-Leninismus allgemein.

Dimitrov,G.:(Ausgewählte Werke,bulg.:) Izbrania proizvedenija. T.1.2. Sofia 1954. 2 Bde IV Ea 10590

Engels,F.: Grundsätze des Kommunismus.Anh.:Aus der Entstehungszeit des"Kommunistischen Manifestes".Vorw.u.Anm.v.H.Duncker. Berlin 1955. 83 S. I Ea 10870

Engels,F.: Der deutsche Bauernkrieg. 7.Aufl. Berlin 1955. 152 S. I Ea 10682

Juch,F.: J.W.Stalin über die antinationale Politik der rechten SPD-Führer. Berlin 1953. 23 S. I Ea 10582

Kandel',E.P.: (Marx und Engels-Organisatoren des kommunistischen Verbandes,bulg.:)Marks i Engel's - organisatory sojuza kommunistov. Sofia 1953. 311 S. IV Ea 10591

Lenin,V.I.:(Die Einstellung der Sozialdemokratie zur Bauernbewegung,russ.:) Otnošenie social-demokratii k krest'janskomu dviženiju. Moskau 1955. 79 S. III Ea 10479

Lenin,V.I.: Dem Gedächtnis Herzens.(Aus dem Russ.übers.) Moskau 1955. 13 S. III Ea 10858

Lenin,V.I.;I.V.Stalin: Über die Gewerkschaften.Ausgew.u.zsgest. von e.Kommission d.Bundesvorstandes des FDGB. Bd 1.2. Berlin 1955. Bd 1: 310 S. Bd 2: 410 S. I Ea 10755

Lenin,V.I.: (Der 1.Mai,russ.:)Pervoe maja. Moskau 1954. 29 S.
III Ea 1o469

Lenin,V.I.:(Wie soll man den Wettbewerb organisieren? -Über den einheitlichen Wirtschaftsplan.- Die neue ökonomische Politik u. die Aufgaben der politischen Aufklärung,russ.:) Kak organizovat' sorevnovanie? Ob edinom chozjajstvennom plane.Novaja ekonomičeskaja politika i zadači politprosvetov. Moskau 1954. 127 S.
III Ea 1o468

Mao Tse-tung:(Ausgewählte Werke.Bd 2,poln.:)Dzieła wybrane. Warschau 1954. 383 S. IV Ea 1o475

Marek,F. Karl Marx. Wien 1951. 71 S. V Ea 1o372

Marx,K.: Kleine ökonomische Schriften. Berlin 1955. 618 S.
I Ea 1o862

Neue rheinische Zeitung. Politisch- ökonomische Revue.Red.von K.Marx.Eingel.von K.Bittel. Berlin 1955. 351 S. I Ea 1o482

Rozental',M.M.:(Was ist die marxistische Erkenntnistheorie, russ.:) Čto takoe marksistskaja teorija poznanija. Moskau 1955. 82 S. III Ea 1o930

4.Philosophie,Wissenschaft von der Gesellschaft,Wissenschaft im allgemeinen

Bloch,E.: Wissen und Hoffen.Auszüge aus seinen Werken. Berlin 1955. 9o S. I Ea 1o914

Feuerbach,L.: Zur Kritik der Hegelschen Philosophie. Berlin 1955. 167 S. I Ea 1o842

Zur christlichen Gesellschaftslehre.Hrsg.von O.v.Nell - Breuning u.H.Sacher.2.,überarb.u.erw.Aufl. Freiburg 1954. 118 Sp. II Eb 249

Lehmann,G.:Ein Reinschriftfragment zu Kants Abhandlung vom Ewigen Frieden. Berlin 1955. 22 S. I Ea 1o565

Muhs,K.: Geschichte des abendländischen Geistes.Grundzüge e. Kultursynthese. Bd 1.2. Berlin 1954. Bd 1: 5oo S. Bd 2: 595 S.
II Ea 1o463

Plessner,H.: Zwischen Philosophie und Gesellschaft. Ausgew. Abhandlungen und Vorträge. Bern 1953. 334 S. V Ea 1o425

Tannenbaum,F.: Eine Philosophie der Arbeit.(Aus dem Engl. übers.) Nürnberg 1954. 226 S. II Ea 1o561

Thomas von Aquino: Die menschliche Willenfreiheit. Düsseldorf 1954. 296 S. II Ea 1o722

Das Weltbild unserer Zeit.Versuch einer geistigen Bestandsaufnahme.Hrsg.Arbeitsgemeinschaft sozialdemokrat.Akademiker. Nürnberg 1954. 171 S. II Ea 1o718

(Wissenschaftliche Schriften der philosophischen Fakultät,russ.:) Ucenye zapiski trudy filosofskogo fakul'teta. Moskau 1954. 168 S. III Eb 253

5.Politische Ökonomie

Širinskij,I.D.:(Das Gesetz der planmäßigen (proportionalen)Entwicklung der Volkswirtschaft,russ.:) Zakon planomernogo(proporcional'nogo)razvitija narodnogo chozjajstva. Moskau 1955. 31 S. III Ea 7819

II. RECHTSWISSENSCHAFT

1.Gesetzesmaterialien und Dokumente (auch Verfassungen und Kurzkommentare)

Richtlinien für die Betriebsrätewahlen 1953. Frankfurt/M. 1953. 61 S. II Ea 10902

Bürgerliches Gesetzbuch mit Einführungsges.,Verschollenheitsgesetz,Erbbaurechtsverordnung,Wohnungseigentumsgesetz ... 63.Aufl. München,Berlin 1953. 963 S. II Ea 10606

Das Bürgerliche Gesetzbuch mit bes.Berücks.d.Rechtssprechung d.Reichsgerichts u.d.Bundesgerichtshofes.Komm. Hrsg.v.Reichsgerichtsräten u.Bundesrichtern.10.Aufl.Bd 2,Lfg 1.Bd 3,Lfg 3. Berlin 1953 ff. II Ea 10393

(Charta der Vereinten Nationen und Statut des Internationalen Gerichtshofes,russ.:) Ustav organizacii ob'edinennych nacii i statut meždunarodnogo suda. (Um 1947) 108 S. V Ea 10790

Charte des Nations Unies et statut de la cour internationale de justice.(Um 1947) 85 S. V Ea 10528

Charter of the United Nations and statute of the International Court of Justice. New York (um 1947). 87 S. V Ea 10893

Index to the Charter of the United Nations and the statute of the International Court of Justice. New York 1947. 37 S. V Ea 10622

Resolutions of the Conference of Asian Lawyers. Calcutta,Jan. 1955. Publ. by the International Association of Democratic Lawyers. Brüssel 1955. 8 S. V Eb 658

Déclaration universelle des droits de l'homme. Adoptée et proclamée par l'Assemblée générale des Nations Unies,le 10 dec.1948 (Texte definitif). Nations Unies 1950. 6 Bl. V Ea 10609

Universal Declaration of human rights.Final authorized text. United Nations 1950. 6 Bl. V Ea 10613

Das Deutsche Bundesrecht.Samml.d.Gesetze u.Verordnungen d. Deutschen Bundesrepublik mit Erl.u.e.Überblick über d.Landesrecht.Bd 1-9. Frankfurt/M.1955. 9 Bde II Ea 10336

Das Erfassungsrecht 1955. Die Verordnung über die Pflichtablieferung und den Aufkauf landwirtschaftlicher Erzeugnisse einschließlich der im Jahre 1955 geltenden Durchführungsbestimmungen u.Anordnungen. Berlin 1955. 2o7 S. I Ea 1o869

Europäische Gemeinschaft für Kohle und Stahl.Abkommen über die Beziehungen zwischen der Europäischen Gemeinschaft für Kohle und Stahl und dem Vereinigten Königreich von Großbritannien und Nordirland. London,den 21.Dez.1954. Luxemburg 1954. 2o S. V Ea 1o91o

(Gesetzbuch über die Familie,die Vormundschaft,die Ehe und über die Akte des Standesamtes der Ukrainischen SSR,russ.:)Kodeks zakonov o sem'e,opeke,brake,i aktach graždanskogo sostojanija ukrainskoj SSR. Moskau 1954. 1o2 S. VII,Ea 1o752

(Der Familienkodex,rumän.:) Codul familiei. Bukarest 1954. 161 S. IV Ea 1o854

Denkschrift über die zur Anpassung des geltenden Familienrechts an den Grundsatz der Gleichberechtigung von Mann und Frau erforderlichen Gesetzesänderungen. T.1-3. 1: 27 S. 2: 31 S. 3: 28 S. Köln (um 1952). II Eb 254

Ce que fait l'ONU: En faveur de la femme. O.O.1948. 16 S. V Ea 1o624

Les droits politiques de la femme. New York 1949. 16 Bl.V Ea 1o546

Ferid,M.;K.Firsching: Internationales Erbrecht.Quellensammlg mit systemat.Darstellungen. München,Berlin 1955. Loseblattausg. II Ea 1o337

Die Praxis der Gemeindeverwaltung.Hrsg.v.J.Bickel u.A.v. Bergen. 2.Aufl. Wiesbaden 1955. Loseblattausg. II Ea 1o7o4

Die Genfer Abkommen zum Schutz der Kriegsopfervom 12.Aug.1949 sowie die Abkommen betr. d.Gesetze u.Gebräuche des Landkrieges v.18.Okt.19o7 u.Anl. 2.erw.Aufl. Bonn 1953. 3o8 S. II Ea 1o436

Kommentar zum GmbH-Gesetz.Von M.Hachenburg. 6.Aufl.Bearb.von W. Schmidt u.W.Schilling. Bd 1,Lfg 1.2. Berlin,München 1954. II Ea 1o397

Goljakov,I.T.:(Dokumentensammlung der Geschichte des Strafgesetzes der UdSSR und der RSFSR 1917-1952, russ.:) Sbornik dokumentov po istorii ugolovnogo zakonodatel'stva SSSR i RSFSR 1917-1952 gg. Moskau 1953. 463 S. III Ea 7777

Handbuch des gesamten Jugendrechts.Eine ergänzbare Sammlg. Zsgest.u.bearb.von E.G.Leydhecker u.P.Seipp. Berlin 1954. Loseblattausg. II Ea 1o394

(Die Kommunistische Partei Bulgariens in Resolutionen und Entschließungen auf den Konferenzen und Versammlungen des ZK, bulg.:) B'lgarskata komunisticeska partija v rezoljucii i rešenija na konferenciite i plenumite na CK. Sofia 1954. 471 S. IV Ea 1o585

Anordnungen zu den Grundsätzen der Kreditierung,Verrechnung und Kontrolle. Berlin 1954. 63 S. I Ea 1o866

Das Dänische Kriminalgesetzbuch für Grönland v.5. März 1954. Übersetzt und mit einer Einleitung versehen v.F.Marcus. Berlin 1955. 39 S. II Ea 1o953

Das Landpachtgesetz.Gesetz über das landwirtschaftliche Pachtwesen v.25.Juni 1952. Mit Ergänzungs-u.Ausführungsvorschriften. Hamburg 1954. 23 S. II Ea 1o411

Gesetz über das gerichtliche Verfahren in Landwirtschaftssachen vom 21.Juli 1953.Hamburg 1953. 22 S. II Ea 7966

Gesetz über das gerichtliche Verfahren in Landwirtschaftssachen vom 21.Juli 1953. Erl.von Wöhrmann u.Hermingshausen. Hamburg 1954. 347 S. II Ea 1o461

Recht der Luftfahrt.Komm.zur deutschen Luftfahrtgesetzgebung von R.Schleicher u.F.Reymann. Nebst Nachtr. Bd 1.2. Bd 1: 387 S. Bd 2: 1o1 S. Berlin,Köln 1954. II Ea 1o451

(Allgemeine Erklärung der Menschenrechte,russ.:)Vseobščaja deklaracija prav čeloveka. O.O.1949. 6 Bl. V Ea 1o617

Das gesamte Dienst-,Sozial-und Steuerrecht der Beamten,Angestellten und Arbeiter im öffentlichen Dienst.Zusammengest.u.bearb. von Bretschneider u.Prill. Berlin,Neuwied/Rh.1955.Loseblattausg. II Ea 1o913

Palandt,O.:BGB mit Einführungsgesetz,Verschollenheitsgesetz, Abzahlungsgesetz .... 14.neubearb.Aufl. München,Berlin 1955. 2418 S. II Ea 1o769

Pius XII.,Papst:Demokratie und soziale Neuordnung.Päpstliche Kundgebung zum Beginn des 6.Kriegsjahres 1.Sept.1944 und zu Weihnachten 1944. 2.Aufl. Luzern 1945. 31 S. V Ea 1o42o

Pius XII.,Papst u.Bischof Josephus Meile: Kirche und Bauer. Ansprachen. Luzern 1947. 32 S. V Ea 1o423

Pius XII.,Papst:Das erste Rundschreiben des Heiligen Vaters Papst Pius XII.Summi pontificatus. Über die Not und die Irrtümer unserer Zeit und deren Überwindung in Christus. Luzern 1947. 31 S. V Ea 1o419

Pius XII.,Papst:Vom Völkerkrieg zum Völkerfrieden. Die Weihnachtsansprache Papst Pius XII.vom Jahre 1946. Luzern 1947. 16 S. V Ea 1o422

Pius XII.,Papst:Weltkirche und Weltfriede.Ansprachen und Kundgebungen des Heiligen Vaters Papst Pius XII.in der unmittelbaren Nachkriegszeit. Luzern 1946. 45 S. V Ea 1o421

Gesetz über die Aufgaben und Befugnisse der Polizei in Bayern. Vom 16.Okt.1954. Erl.von G.Berner. München 1955. 92 S. II Ea 1o711

Rohloff,H.: Das Erbbaurecht. Die VO über d.Erbbaurecht mit Erl. f.d.Praxis. Neuwied/Rh.(um 1952). 49 S. II Ea 10520

Rowedder,H.: Kartellrecht.Texte der jetzt in der Bundesrepublik und in West-Berlin geltenden Bestimmungen einschließlich der Texte zum Kartellrecht der Montanunion.Heidelberg 1954. 64 S. II Ea 10941

Gesetzgebung und Abkommen des Saarlandes. Hamburg 1954. 360 S. II Ea 10909

Das Schulgesetz für Berlin.Handkomm.unter Einbeziehung des Schulrechts der Bundesländer.Von K.A.Werner.Berlin 1954.195 S. II Ea 10907

Gesetz über die Beschäftigung Schwerbeschädigter.Vom 16.Juni 1953. Komm.von H.J.Becker.Berlin,Frankfurt 1955. 572 S.II Ea 10764

Kommentar zur Sozialgerichtsbarkeit.Ausführl.Erl.zum Sozialgerichtsgesetz.Von H.Peters,T.Sautter u.R.Wolff.Stuttgart, Köln 1953 ff. Loseblattausg. II Ea 10731

Straffreiheitsgesetz 1954.Gesetz über den Erlaß von Strafen und Geldbußen und die Niederschlagung von Strafverfahren und Bußgeldverfahren.Komm.von E.Brandstetter. Berlin,Frankfurt/M. 1954. 252 S. II Ea 10784

(Das Straf- u.Strafprozeßgesetzbuch der ungarischen Volksrepublik,russ.:) Ugolovnyj (Obščaja čast') i ugolovno-processual'nyj kodeksy vengerskoj narodnoj respubliki. Moskau 1953. 134 S. III Ea 7791

Das türkische Strafgesetzbuch.Vom 1.März 1926.Gesetz Nr.765. Übers.u.mit e.Einf.versehen von N.Sensoy u.O.Tolun. Berlin 1955. 141 S. II Ea 10948

(Das Strafprozeßgesetzbuch der Usbekischen SSR,russ.:)Ugolovno-processual'nyj kodeks uzbekskoj sovetskoj socialističeskoj respubliki.Taschkent 1954. 64 S. III Ea 7780

Die Verfassung der Volksrepublik China.Angenommen am 20.Sept. 1954 vom 1.Nationalen Volkskongress d.Volksrepublik China auf seiner 1.Sitzung. Peking 1954. 55 S. IV Ea 7987

(Die Verfassung der Chinesischen Volksrepublik,russ.:) Konstitucija kitajskoj narodnoj respubliki. Moskau 1954. 29 S. III Ea 7774

(Die Verfassung und die Grundgesetze der Volksrepublik Polen,poln.:) Konstytucja i podstawowe akty ustawodawcze Polskiej Rzeczypospolitej ludowej. Warschau 1954. 340 S. IV Ea 10478

Das Vermögenssteuerrecht. Berlin 1955. 208 S. I Ea 10357

Wechselrecht und Scheckgesetz mit Nebengesetzen.Von A.Baumbach.4.Aufl.neu bearb.von W.Hefermehl.Stand vom 1.Sept.1953. München,Berlin 1953. 406 S. II Ea 10605

Der Wirtschafts-Kommentator.Teil C und D. Frankfurt/M.1955. Loseblattausg. II Ea 1o851

(Das Zivilgesetzbuch der Ukrainischen SSR,russ.:) Graždanskij kodeks ukrainskoj SSR. Moskau 1954. 142 S. III Ea 1o381

(Das Zivilprozeßgesetzbuch der RSFSR,russ.:) Graždanskij processual'nyj kodeks RSFSR. Moskau 1953. 163 S. III Ea 7781

(Zivilprozeßordnung der Ukrainischen SSR,russ.:) Graždanskij processual'nyj kodeks ukrainskoj SSR. Moskau 1954. 15o S. III Ea 1o384

2.Theorie des Staates und des Rechtes

Bäumlin,R.:Die rechtsstaatliche Demokratie.Eine Untersuchung d.gegenseitigen Beziehungen von Demokratie und Rechtsstaat. Zürich 1954. 16o S. Bern,Jur.Fak.,Diss.v.1954 V Ea 1o426

Bajkov,V.S.:(Der Aufbau der Grundlagen des Sozialismus im volksdemokratischen Ungarn,russ.:) Stroitel'stvo osnov socializma v narodno-demokratičeskoj Vengrii.Moskau 1955. III Ea 7834

Bartholomeyczik,H.:Die Kunst der Gesetzesauslegung.Frankfurt/M. 1951. 128 S. II Ea 1o628

Behrendt,R.F.:Die wirtschaftliche und soziale Revolution in den unentwickelten Ländern. Bern 1954. 36 S. V Ea 1o428

Coing,H.: Grundzüge der Rechtsphilosophie.Berlin 195o. 3o2 S. II Ea 1o949

Dürr,E.W.: Wesen und Ziele des Ordoliberalismus.Winterthur 1954. 166 S. V Ea 1o427

Dürrenmatt,P.: Zerfall und Wiederaufbau der Politik. Bern 1951. 24o S. V Ea 1o558

Foustka,R.:(Die Anschauungen Peter Chelčickys über Staat und Recht,tschech.:) Petra Chelčického názory na stát a právo. Prag 1955. 71 S. IV Ea 7978

Freund,M.: Das Elitenproblem in der modernen Politik.München 1954. S. 236-252. II Ea 1o554

Fuchs,H.:Lex naturae.Zur Theologie des Naturrechts.Düsseldorf 1955. 189 S. II Ea 1o8o4

Gay,P.: Das Dilemma des demokratischen Sozialismus.Ed.Bernsteins Auseinandersetzung mit Marx.(Aus dem Engl.übers.) Nürnberg 1954. 383 S. II Ea 1o7o9

Gross,B.M.: The legislative Struggle.A study in social combat.New York,London 1953. 472 S. V Ea 1o4o8

Gross,H.: Unternehmer in der Politik. Düsseldorf 1954. 336 S. II Ea 1o521

Hillerdal,G.: Gehorsam gegen Gott und Menschen.Luthers Lehre von der Obrigkeit u.die moderne evangelische Staatsethik. Göttingen 1955. 32o S. II Ea 1o392

Horn,W.:Oswald von Nell-Breuning S.J.kontra Oswald von Nell-Breuning S.J. Der Frankfurter Gewerkschaftskongress im Spiegel der katholischen Soziallehre. Köln 1955. 29 S. II Ea 7983

Kaiser,J.H.:Der politische Streik. Berlin 1955. 38 S.II Ea 1o8o2

Kiralfy,A.K.R.:The English Legal System. London 1954. 4o8 S. V Ea 1o892

Kiričenko,M.G.(Die sowjetische Gesetzgebung und die Prinzipien ihrer Anwendung,russ.:) Sovetskoe zakonodatel'stvo i principy ego primenenija. Moskau 1953. 78 S. III Ea 7775

Klezl-Norberg,F.:Die geistigen Grundlagen der Staats- und Wirtschaftsformen.Ein philosophischer Beitrag zu den politischen Problemen der Gegenwart. Wien 195o. 35 S. V Ea 1o957

Lar'kov,A.M.:(Theorie und Programm der kommunistischen Partei über die nationale Frage,russ.:) Teorija i programma kommunističeskoj partii po nacional'nomu voprosu. Moskau 1955. 39 S III Ea 7832

Lens,S.:Die amerikanischen Gewerkschaften.Die Geschichte ihrer Kämpfe und Erfolge.(Aus dem Engl.übers.) Frankfurt/M.1945. 47o S. II Ea 1o6o7

Liver,P.:Der Wille des Gesetzes.Rektoratsrede. Bern 1954. 32 S. V Ea 1o4o7

Maslennikov,V.A.:(Der Aufbau der Grundlage des Sozialismus in der Mongolischen Volksrepublik,russ.:) Stroitel'stvo osnov socializma v Mongol'skoj Narodnoj Respublike. Moskau 1955. 31 S. III Ea 7833

Medvedev,I.N.(Die Erfolge der Werktätigen der tschechoslowakischen Republik im Aufbau d.Sozialismus,russ.:)Uspechi trudjaščichsja Čechoslovackoj respubliki v stroitelstve socializma. Moskau 1955. 39 S. III Ea 7795

Minc,I.I.:(Die große sozialistische Oktoberrevolution und ihre internationale Bedeutung,russ.:) Velikaja oktjabr'skaja socialističeskaja revoljucija i ee meždunarodnoe značenie. Moskau 1955. 55 S. III Ea 7823

Oelßner,Fred.: Die Übergangsperiode vom Kapitalismus zum Sozialismus in der Deutschen Demokratischen Republik. Berlin 1955. 91 S. I Ea 1o371

Peter,H.: Freiheit der Wirtschaft.Kritik des Neoliberalismus. Köln 1953. 17o S. II Ea 1o44o

Pogany,L.P.: Was ist Demokratie? Und Schutz der Demokratie. Wien 1954. 7o S. V Ea 1o387

Ramm,T.: "Die großen Sozialisten als Rechts- und Sozialphilosophen"Bd 1.Die Vorläufer. Die Theoretiker des Endstadiums. Stuttgart 1955. 313 S. II Ea 1o549

Schmid,H.: Neoliberalismus und katholische Soziallehre.Eine Konfrontierung. Köln 1954. 8o S. II Ea 1o516

Begriff und Wesen des sozialen Rechtsstaates. Die auswärtige Gewalt der Bundesrepublik. Berichte von Forsthoff,Bachof,Grewe und Menzel. Berlin 1954. 274 S. II Ea 1o952

Spiridonova,N.S.:(Die Übergangsperiode vom Kapitalismus zum Sozialismus,russ.:) Perechodnij period ot kapitalisma k socialismu. Moskau 1954. 83 S. III Ea 1o5o2

Thieme,H.: Das Naturrecht und die europäischen Privatrechtsgeschichte. Basel 1954. 54 S. V Ea 1o6o3

Trapp,P.: Zur Psychologie des Rechtsempfindens der Jugendlichen. Schwarzenburg 1951. 113 S. Bern,Phil.Fak.,Diss.v. 4.März 1949 V Ea 7887

Weber,J.: Was ist Militarismus? Eine kritische Darstellung. Speyer 1954. 32 S. II Ea 1o537

3.Geschichte des Staates und des Rechtes

Apanovič,E.M.:(Historische Stätten aus dem Befreiungskampf des ukrainischen Volkes von 1648-1654,russ.:)Istoričeskie mesta sobytij osvoboditel'noj vojny ukrainskogo naroda 1648-1654 gg. Kiew 1954. 99 S. III Ea 1o853

Archivalische Forschungen zur Geschichte der deutschen Arbeiterbewegung. Veröfftl.von d.Forschungsgemeinschaft Dokumente u. Materialien zur Geschichte d.deutschen Arbeiterbewegung. Bd 1. Berlin 1954. 335 S. I Ea 1o354

Barraclough,G.: Die mittelalterlichen Grundlagen des modernen Deutschland.2.durchges.Aufl.(Aus dem Engl.übers.)Weimar 1955. 381 S. I Ea 1o687

Baskin,M.P.:(Charles Louis Montesquieu-ein hervorragender französischer Denker des 18.Jahrhunderts,russ.:) Sarl'Lui Montesk'e-vydajuščijsja francuzskij myslitel' XVIII veka. Moskau 1955. 23 S. III Ea 7821

Beér,J.:(Parlamentsversammlung der Volksvertreter im Jahre 1848, 1849,ungar.:) Az 1848/49 évi népképviseleti országgyülés. Budapest 1954. 933 S. IV Ea 1oo55

Bergsträsser,L.: Die Entwicklung des Parlamentarismus in Deutschland. Schloß Laupheim/Württ. 1954. 29 S. II Ea 1o626

Breuel,F.F.: Geschichte des Anwachsrechts in Ostfriesland. Göttingen 1954. 89 S. II Ea 1o5o9

Buma,W.J.: Die Brokmer Rechtshandschriften. Den Haag 1949. 3o7 S. V Eb 257

Černov,A.V.:(Die Streitkräfte des russischen Staates im 15.-17. Jahrhundert,russ.:) Voopyžennye sily russkogo gosudarstva v 15.-17. v.v. Moskau 1954. 222 S. III Ea 1oo22

Chu Cjao-mu:(Dreissig Jahre Kommunistische Partei Chinas,bulgar.:) Trideset godini kitajska kommunističeska partija.Sofia 1954. 1o6 S. IV Ea 1o587

Deuerlein,E.: Der Bundesratsausschuß für auswärtige Angelegenheiten.187o-1918. Regensburg 1955. 346 S. II Ea 1o947

Geschichte Deutschlands.2.Aufl.(Aus dem Russ.übers.)Berlin 1955. 165 S. I Ea 1o69o

Elbow,M.H.: French corporative Theory,1789-1948. A chapter in the history of ideas. New York 1953. 222 S. V Ea 1o73o

Feine,H.P.: Kirchliche Rechtsgeschichte. Bd 1:Die katholische Kirche. 3.unveränd.,aber durch e.Nachtr.erg.Aufl.Weimar 1955. 722 S. I Ea 1o348

Franz,G.: Kulturkampf.Staat und kath.Kirche in Mitteleuropa v.der Säkularisation bis zum Abschluß des preussischen Kulturkampfes. München 1954. 355 S. II Ea 1o55o

Funder,F.: Vom Gestern ins Heute.Aus dem Kaiserreich in die Republik.2.Aufl. Wien,München 1954. 718 S. V Ea 1o35o

Hartung,F.: Die Entwicklung der Menschen- und Bürgerrechte von 1776 zur Gegenwart.2.erw.Aufl. Göttingen 1954. 155 S. II Ea 1o448

Henssler,O.: Formen des Asylrechts und ihre Verbreitung bei den Germanen. Frankfurt/M.1954. 136 S. II Ea 1o896

Honig,R.: Beiträge zur Entwicklung des Kirchenrechts. Göttingen 1954. 62 S. II Ea 1o458

Instinsky,H.U.: Sicherheit als politisches Problem des römischen Kaisertums. Baden- Baden 1952. 43 S. II Ea 1o442

Kaul,Th.:Kleine Beiträge zur Geschichte des Reichskammergerichts in Speyer in der Mitte des 16.Jh. Speyer 1953. S.181-212.Sonderdr.aus: Mitteilungen des historischen Vereins d. Pfalz. II Ea 1o512

Zur Geschichte der Kommunistischen Partei Deutschlands. 2. durchges.Aufl. Berlin 1955. 472 S. I Eb 231

Kostomarov,G.D.:(Die Sowjets der Arbeiterdeputierten vom Jahre 19o5 und ihre historische Bedeutung,russ.:) Sovety rabočych deputatov 19o5 goda i ich istoričeskoe značenie. Moskau 1955. 39 S. III Ea 78o1

Louis,P.: Histoire du socialisme en France.Les faits,les idées,les partis ouvriers de la révolution à nos jours. 5e ed.Paris 195o. 432 S. V Ea 1o779

Majorov,S.M.:(Die entscheidende Rolle der Volksmassen in der Geschichte,russ.:) O rešajuščej roli narodnych mass v istorii. Moskau 1955. 39 S. III Ea 7827

Najdenov,M.E.:(Die Revolution 1905-1907-die erste Volksrevolution der Epoche des Imperialismus,russ.:) Revoljucija 1905-1907 godov-pervaja narodnaja revoljucija epochi imperializma. Moskau 1955. 39 S. III Ea 7797

Piwarski,K.:(Die Geschichte der Neuzeit 1648-1789,poln.:) Historia nowożytna 1648-1789. Warschau 1954. 239 S. IV Ea 10925

Planitz,H.: Die deutsche Stadt im Mittelalter.Von der Römerzeit bis zu den Zunftkämpfen. Graz,Köln 1954. 520 S. II Ea 10805

Plassmann,J.O.: Princeps und Populus. Die Gefolgschaft im ottonischen Staatsaufbau nach den sächsischen Geschichtsschreibern des 10.Jahrhunderts. Göttingen 1954. 160 S. II Ea 10796

Pölnitz,G.von:Fugger und Hanse.Ein hundertjähriges Ringen um Ostsee und Nordsee. Tübingen 1953. 236 S. II Ea 10721

Proesler,H.: Das gesamtdeutsche Handwerk im Spiegel der Reichsgesetzgebung von 1530-1806. Berlin 1954. 85 S. II Ea 10535

Rek,T.:(Tatsachen klagen an.Aus der Geschichte des Bürger-und Großgrundbesitzer-Sejm 1919-1922,poln.:) Fakty oskarżają. Kartki z dziejów burzuazyjno obszarniczego sejmu 1919-1922. Warschau 1954. 238 S. IV Ea 10692

Schnee,H.: Die Hoffinanz und der moderne Staat.Geschichte u. System der Hoffaktoren an deutschen Fürstenhöfen im Zeitalter d.Absolutismus.Nach archivalischen Quellen. Bd 1.2.Berlin 1953, 1954. Bd 1: 267 S. Bd 2: 367 S. II Ea 10795

Schwend,K.: Bayern zwischen Monarchie und Diktatur.Beiträge zur bayrischen Frage in der Zeit von 1918-1935.München 1954. 590 S. II Ea 10767

Tormin,W.: Zwischen Rätediktatur und sozialer Demokratie.Die Geschichte der Rätebewegg in der deutschen Revolution 1918/19. Düsseldorf 1954. 148 S. II Ea 10706

Treue,W.: Deutsche Parteiprogramme 1861-1954. Frankfurt/M., Göttingen 1954. 319 S. II Ea 10459

Walz,H.H.: Der politische Auftrag des Protestantismus in Europa. Tübingen 1955. 84 S. II Ea 10725

Wheeler-Bennet,J.W.: Die Nemesis der Macht.Die deutsche Armee in der Politik 1918-1945. Düsseldorf 1954. 831 S. II Ea 10940

Wilmot,Ch.: Der Kampf um Europa.(Aus dem Engl.übers.) Frankfurt/M.,Berlin 1954. 834 S. II Ea 10899

Wittram,R.: Das Nationale als europäisches Problem.Beiträge zur Geschichte des Nationalitätsprinzips,vornehmlich im 19.Jh. Göttingen 1954. 244 S. II Ea 10518

4.Völkerrecht,Außenpolitik

Alekseev,A.:(Das Atomproblem und die Politik der Stärke der USA, russ.:) Atomnaja problema i politika SSA " S pozicii sily". Moskau 1955. 98 S. III Ea 1o5o6

Arski,S.:(Die "Dollardiplomatie",poln.:) Dolarowa dyplomacja. Warschau 1954. 65 S. IV Ea 1o377

The absolute Weapon: Atomic power and world order.By F.S.Dunn, B.Brodie u.a. New York 1946. 214 S. V Ea 1o539

Baberg,H.,H.Propp: Das Seerecht in der Deutschen Demokratischen Republik.Sammlg von Gesetzen,Verordnungen u.Bestimmgn f.d.Seeschiffahrt. Berlin 1955. 51o S. I Ea 1o678

Bienert,W.: Krieg,Kriegsdienst und Kriegsdienstverweigerung. Nach der Botschaft des Neuen Testaments. Stuttgart 1952. 128 S. II Ea 1o745

Boothby,R.: Europa vor der Entscheidung. Erinnerung und Ausblick eines englischen Politikers.(Aus dem Engl.übers.) Düsseldorf 1951. 544 S. II Ea 1o51o

Bruns,V.: Völkerrecht als Rechtsordnung. Darmstadt 1954. 88 S. II Ea 1o785

La Convention sur le Génocide.Publ.par le Département de l'Information.Organisation des Nations Unies. New York 1949. 15 S. V Ea 1o6o8

Corbett,P.E.: Law and society in the relations of states. New York 1951. 337 S. V Ea 1o541

Demin,I.M.:(Englisch-amerikanische Gegensätze nach dem 2.Weltkrieg,russ.:) Anglo-amerikanskie protivorečija posle vtoroj mirovoj vojny. Moskau 1955. 482 S. III Ea 1o744

Fandikov,P.G.:(Der völkerrechtliche Status der Donau,russ.:) Meždunarodno-pravovoj režim dunaja. Moskau 1955. 254 S. III Ea 1o735

Friedmann,S.: Expropriation in international law. London 1953. 236 S. V Ea 1o563

Genf 1955,18.-23.Juli,eine erfolgreiche Konferenz des guten Willens und der Verständigungsbereitschaft.Schlußerklärgn der vier Regierungschefs,Direktive an die Aussenminister.Kommuniqué über d.Aufenthalt d.sowjetischen Regierungsdelegation in der DDR. Berlin 1955. 24 S. I Ea 1o861

Dokumente der Genfer Konferenz der Regierungschefs der vier Mächte,der UdSSR,USA,Großbritanniens und Frankreichs vom 18. bis 23.Juli 1955. Berlin 1955. 23 S. I Eb 678

Hanus,F.: Die Preußische Vatikangesandtschaft 1747-192o. München 1954. 448 S. II Ea 1o551

Hoffmann,S.: Organisations internationales et pouvoirs politiques des états. Paris 1954. 427 S. V Ea 1o728

Jessup,Ph.: Modernes Völkerrecht.(Aus dem Engl.übers.) Wien 195o. 311 S. V Ea 1o3o8

International Law and the preparation for atomic war.Brüssel 1955. 12 S. V Ea 7949

Problems of public and private international law.London 1953. 17o S. V Ea 1o2o3

Ismay: NATO.The first five years 1949 - 1954. Wiesbaden 1954. 28o S. II Eb 241

Klein,F.: Die diplomatischen Beziehungen Deutschlands zur Sowjetunion 1917-1932. 2.durchges.Aufl. Berlin 1953.19o S. I Ea 1o677

Machowski,J.: (Ausgewählte Verfahrensfragen bei internationalen Konferenzen,poln.:)Wybrane zagadnienia procedury konferencji międzynarodowych.Warschau 1953. S.842-86o. Sonderdr.aus: Panstwo i prawo.1953. IV Ea 7991

Miksche,F.O.: Donauföderation. (Aus dem Engl.übers.) Salzburg 1953. 53 S. V Ea 1o389

Molotov,V.M.: (Über die Ergebnisse der Berliner Konferenz,russ.:) Ob itogach berlinskogo soveščanija. Moskau 1954. 3o S. III Ea 1o937

Von der Moskauer Konferenz Europäischer Länder bis zum Warschauer Vertrag. Berlin 1955. 13o S. I Ea 1o569

Ce qu'il faut savoir des Nations Unies. Publ.par le Départment de l'Information des Nations Unies. O.O.1951.456 S. V Ea 1o2o7

Naumenko,I.A.: (Die Atomwaffe und der Atomschutz,russ.:) Atomnoe oružie i protivoatomnaja zaščita. Moskau 1955. 31 S. III Ea 78o2

Pannwitz,R.: Der Friede. Nürnberg 195o. 184 S. II Ea 1o511

Peck,J.: Was wird aus Europa? T.1:Amerikanische Europa-Pläne. Berlin 1955. 154 S. I Ea 1o2o9

Reintanz,G.: Die amerikanische Integration nach dem zweiten Weltkrieg.-Das amerikanische Paktsystem in Europa.Halle 1955. S.293-342.Sonderdr.aus:WZ Halle 1954/1955,H.3. I Eb 66o

Schreiner,A.: Zur Geschichte der deutschen Außenpolitik 1871-1945. Bd 1:1871-1918.Von der Reichseinigung bis zur Novemberrevolution. 2.durchges.Aufl. Berlin 1955. 464 S. I Ea 1o584

Schütz,W.W.: Deutschland am Rande zweier Welten.Voraussetzungen und Aufgabe unserer Außenpolitik. Stuttgart 1952. 117 S. II Ea 1o765

Schwarzenberger,G.: Power Politics. A study of international society. 2.nd ed. London 1951. 898 S. V Ea 1o912

Schweitzer,A.: Das Problem des Friedens in der heutigen Welt. Rede bei d. Entgegennahme d.Nobel-Friedenspreises in Oslo am 4.Nov.1954. München 1954. 19 S. II Ea 1o727

Sottile,A.: Les Criminels de guerre et le nouveau droit pénal international moyen efficace pour assurer la paix du monde. Genf (um 1946). 4o S. V Ea 1o4o5

Suchy,J.; T.Lychowski: (Internationale Organisationen,poln.:) Organizacje międzynarodowe.Warschau 1954. 245 S. IV Ea 1o775

Thiele,W.: Völkerstrafrecht.Entwicklung und Gegenwartslage. Göttingen 1952. 71 S. II Ea 1o882

Tolčenov,M.P.:(Amerikanische Militärstützpunkte auf fremden Territorium eine Gefahr für den Frieden und die Sicherheit der Völker,russ.:) Amerikanskie voennye basy na čužich territorijach ugroza miru i bezopasnosti narodov. Moskau 1955. 29 S. III Ea 7822

Looking at the United Nations. New York 1952. 3o S. V Eb 243

Towards a United Nations World. O.O. 1953. 36 S. V Ea 1o621

United Nations in pictures.Publ.by United Nations Department of Information. New York 1952. 46 S. V Ea 1o629

United Nations pictorial.Publ.by United Nations,Department of Public Information. Nr 1.2. New York 1953. Nr 1: 47 S. Nr 2: 46 S. V Eb 246

Voščenkov,K.P.:(Die Verschärfung der Widersprüche im aggressiven Nordatlantikblock,russ.:) Obostrenie protivorečij v severo-atlantičeskom agressivnom bloke. Moskau 1955. 39 S. III Ea 7815

Cases and other materials on World Law.The interpretation and application of the Charter of the United Nations and the constitutions of other agencies of the World Community.Ed.by L.B.Sohn.Nebst Suppl.Brooklyn 195o,1953.(Hauptw.:) 1363 S. Suppl.: 171 S. V Eb 252

5.Staatsrecht

From the declaration of independence to the constitution.The roots of American constitutionalism.Ed.with an introduction by C.J.Friedrich and R.G.Mac Closkey. New York 1954. 71 S. V Ea 1o783

Askerov,A.A.:(Die Leninschen Prinzipien der Arbeit des sowjetischen Staatsapparates,russ.:) Leninskie principy,raboty sovetskogo gosudarstvennogo apparata. Moskau 1955. 21 S. III Ea 7818

Bolz,L.: Es geht um Deutschland. 2.Aufl. Berlin 1955. 773 S. I Ea 1o676

Die Bundestagswahl am 14.Aug.1949. Hrsg.Statist.Bundesamt Wiesbaden. Stuttgart,Köln.1952.58 S. II Eb 245

(Aus den Erfahrungen der Deputierten der Werktätigen in der UdSSR und bei uns, bulg.:) Iz opita na sovetite na deputatite na trudeščite Se v SSSR i u nas. O.O.1953. 117 S. IV Ea 10588

Der reale Weg zur Wiedervereinigung Deutschlands. Regierungserklärung des Ministerpräsidenten Otto Grotewohl vor der Volkskammer der Deutschen Demokratischen Republik am 12.Aug.1955. Berlin 1955. 22 S. I Ea 7911

Der Eidgenössische Staat. Kleine Vaterlandskunde. Hrsg. E. Vogt. Luzern 1947. 247 S. V Ea 10417

Forsthoff, E.: Einleitung zum Bonner Grundgesetz. W. Rothe: Grundrechte der Deutschen. Gerabronn 1953. 32 S. II Ea 10454

Forsthoff, E.: Verfassungsprobleme des Sozialstaates. Münster 1954. 24 S. II Ea 10538

Die Grundrechte. Handbuch d. Theorie u. Praxis d. Grundrechte. Hrsg. von F.L. Neumann, H.C. Nipperdey u. U. Scheuner. Berlin 1954. 639 S. II Ea 10806

Koellreutter, O.: Staatslehre im Umriß. Göttingen 1955. 307 S. II Ea 10534

Kolesnikov, A.: (Die Kontrolle der Durchführung und ihre Bedeutung in der organisatorischen Arbeit der KPdSU, russ.:) Proverka ispolnenija i ee značenie v organizacionnoj rabote KPSS. Moskau 1955. 46 S. III Ea 7808

Kratz, G.: Mittelrhein-Saar. Stuttgart, Köln 1954. 82 S. II Ea 10908

Kravcov, B.P.: (Der Oberste Sowjet der UdSSR, russ.:) Verchovnyj sovet SSSR. Moskau 1954. 127 S. III Ea 7773

Leneškin, A.I.: (Die Grundrechte und Pflichten der Bürger der UdSSR, russ.:) Osnovnye prava i objazannosti graždan SSSR. Moskau 1954. 94 S. III Ea 7794

Lichter, M.: Die Staatsangehörigkeit nach deutschem und ausländischem Recht (geltendes u. früheres Recht nebst Rechtsvergleichung). 2. völlig veränd. Aufl. Berlin, Köln 1955. 947 S. II Ea 10717

Liu Schao-tschi: Bericht über den Verfassungsentwurf der Volksrepublik China. Die Verfassung der Volksrepublik China. Peking 1954. 121 S. IV Ea 7986

Lunau, H.: Revolte in USA. Von Roosevelt über Mc Carthy zu Eisenhower. Esslingen 1954. 234 S. II Ea 10724

Lužin, A.V.: (Die Stadtsowjets der Deputierten der Werktätigen, russ.:) Gorodskie sovety deputatov trudjaščichsja. Moskau 1954. 265 S. III Ea 10753

Orlov, I.M.: (Parteiaufträge, russ.:) Partijnye poručenija. Moskau 1954. 78 S. III Ea 10063

Petrov,G.:(Die Planung der Arbeit der Rayon-u.Stadtsowjets,russ.:) Planirovanie raboty rajonnych i gorodskich sovetov.Moskau 1954. 93 S. III Ea 7792

Popova,V.I.:(Die sozialistische Gesetzlichkeit in der Tätigkeit der örtlichen Sowjets,russ.:) Socialističeskaja zakonnost v dejatel'nosti mestnych sovetov deputatov trudjaščichsja. Moskau 1954. 2o6 S. III Ea 1o74o

Proudhon,P.J.: De la Justice dans la révolution et dans l'église. Leipzig 186o. 172 S. Ea 7952

Pütz,J.: Allgemeines Staatsrecht und Bundesstaatsrecht.2.überarb. Aufl. Bielefeld 1954. 1o3 S. II Ea 1o895

Rheinstein,M.: Das Kollisionsrecht im System des Verfassungsrechts der Vereinigten Staaten von Amerika. Tübingen 1954. S.54o-589. Aus: Festschrift f.E.Rabel. Bd 1. II Ea 1o723

Ruffia,P.B.di:(Staatsrecht,ital.:) Diritto costituzionale.3.ed. Napoli 1954. 611 S. V Ea 1o782

Die staatliche Intervention im Bereich der Wirtschaft.Rechtsformen u.Rechtsschutz.-Die Gegenwartslage des Staatskirchenrechts. Berichte von U.Scheuner u.a.Verhandlgn d.Tagg d.Deutschen Staatsrechtslehrer zu Marburg am 16.u.17.Okt.1952.Berlin 1954. 268 S. II Ea 1o34o

Tichonov,A.I.:(Die Deputierten der örtlichen Sowjets,russ.:) Deputaty mestnych sovetov. Moskau 1954. 63 S. III Ea 1o5o5

Tschou En-Lai: Bericht über die von der Regierung der Volksrepublik China geleistete Arbeit.Gegeben auf d.1.Sitzung d.1.Nationalen Volkskongresses d.Volksrepublik China,23.Sept.1954. Peking 1954. 7o S. IV Ea 7985

Ulbricht,W.:Die Warschauer Konferenz und die neuen Aufgaben in Deutschland.Referat auf d.24.Tagg d.ZK's d.Sozialistischen Einheitspartei Deutschlands am 1.Juni 1955. Berlin 1955. 1o4 S. I Ea 1o658

Weimar,W.: Die Amts- und Staatshaftung. Frankfurt/m.1954. 1o4 S. II Ea 1o552

Zlatopol'skij,D.:(Die Bildung und Entwicklung der UdSSR als Unionsstaat,russ.:)Obrazovanie i razvitie SSSR kak sojuznogo gosudarstva. Moskau 1954. 221 S. III Ea 7779

6.Verwaltungsrecht

Brzeziński,W.:(Das polnische Baurecht,poln.:) Polskie prawo budowlane. Warschau 1955. 128 S. IV Ea 7876

Büchner-Uhder,W.: Die Entwicklung und Gestaltung des Beamtenrechts der Bonner Bundesrepublik im Zeichen der Faschisierungspolitik in Westdeutschland.Halle 1955. 194 S. Halle,Jur.Fak., Diss.vom 1o.Juni 1955. I Eb 671

Fässler,A.: Das Recht der öffentlichen Gewässer im Kanton Appenzell I.Rh. Appenzell 1954. 132 S. Freiburg,Jur.Fak.Diss.v.19. Dezember 1953 V Ea 7884

Guggenheim,P.: Traité de droit international public.Avec mention de la pratique internationale et suisse. T.1. Genève 1953. 592 S. V Ea 10406

Hamm,W.: Schiene und Straße. Das Ordnungsproblem im Güterverkehr zu Lande. Heidelberg 1954. 154 S. II Ea 10443

Kozlov,Ju.M.:(Die Prüfung der Klagen der Werktätigen in den Organen der sowjetischen staatlichen Verwaltung,russ.:) Razrešenie zalob i zajavlenij trudjaščichsja v organach sovetskogo gosudarstvennogo upravlenija. Moskau 1955. 66 S. III Ea 10867

Krien,E.: Das Güterkraftverkehrsrecht.Überblick über d.verwaltungsrechtl.,privatrechtl.u.strafrechtl.Regelung.München 1954. 32 S. II Eb 237

Lerche,P.: Ordentlicher Rechtsweg und Verwaltungsrechtsweg. Der Einfluss d.verwaltungsgerichtl.Generalklauseln d.amerikan. u.d.brit.Zone auf d.Frage d.Zulässigkeit u.d.Unzulässigkeit des "ordentlichen" Rechtswegs. Berlin 1953. 227 S. II Ea 10890

Linckelmann,K.: Untersuchungen zum Wasser- und Bodenverbandrecht.Rechtsgutachten,erstattet im Auftrage des Bundesministers f.Verkehr. Bielefeld 1954. 80 S. II Ea 10435

Entscheidungen des Oberverwaltungsgerichts Berlin.Hrsg.von Mitgliedern d.Gerichts. Bd 1.2. Berlin 1954. Bd 1: 350 S. Bd 2: 191 S. II Ea 10548

Ottel,F.: Vom Wettbewerb zum Zwangsrecht.Ein Beitrag zur Reform des Personenbeförderungsrechtes. Berlin,Köln 1955. 93 S. II Ea 10801

Riege,P.: Kleine Polizei-Geschichte. Lübeck 1954. 142 S. II Ea 10513

Stiebitz,F.: Erziehungstheorie der Polizei. Lübeck 1954. 22 S. II Ea 10523

7.Finanz-,Steuer-und Preisrecht

Aleksiejew,A.:(Die Kriegsfinanzen der kapitalistischen Staaten, poln.:) Wojenne finanse państw kapitaliszycznych.Warschau 1954. 418 S. IV Ea 10698

Bräuer,K.: Probleme einer Finanz- und Steuerreform. Bd 1.2. Bad Wörishofen 1954. Bd 1: 115 S. Bd 2: 119 S. II Eb 250

Cynkin,S.D.:(Die rechtliche Regelung der Steuerverhältnisse in der UdSSR,russ.:) Pravovoe regulirovanie nalogovych otnošenij v SSSR. Moskau 1954. 74 S. III Ea 10470

Dittmann,H.: Die theoretischen Grundlagen der Steuerprogression. Zürich,1950. 160 S. Zürich,Rechts-u.staatswiss.Fak.,Diss.v. 22.April 1950

Egner,E.: Der Haushalt.Eine Darst.seiner volkswirtschaftl.Gestaltung. Berlin 1952. 516 S. II Ea 1o449

(Finanzen und Kredit der Länder der Volksdemokratie,russ.:) Finansy i kredit stran narodnoj demokratii. Moskau 1954. 159 S. III Ea 1o129

(Finanzrecht,tschech.:) Finanční pravo. Prag 1954. 185 S. IV Eb 227

Zur Haushaltslage der deutschen Städte und Gemeinden.Referate u.Diskussionsbeiträge d.Tagung d.Arbeitsausschusses z.Förderung d.gesamtdeutschen Verständigung auf kommunalen Gebiet v.3.u.4.12. 1954 in Berlin. Berlin 1955. 8o S. I Ea 1o497

Hellinger,A.: Die Gewinnbeteiligung der Arbeitnehmer im Steuerrecht. Köln 1954. 1o2 S. II Ea 1o631

(Die Organisation der Finanzierung und Kreditierung von Investitionen,russ.:) Organizacija finansirovanija i kreditovánija kapital'nych vloženij. Moskau 1954. 4o8 S. III Ea 1o385

Zur Frage der Koexistenz von Konvertibilitätsländern im Raum der EZU. Kiel 1954. 8 S. II Eb 234

Rädle,K.: Die steuerliche Behandlung der Reisekosten in Betrieben der privaten Wirtschaft Wirtschaft.2.überarb.Aufl. Berlin 1955. 63 S. I Ea 1o355

Richter,F.: Die Vergünstigungen des Lastenausgleichsgesetzes bei der Vermögensabgabe unter Berücks.von Kriegssach-,Ost-u.Vertreibungsschäden...Hannover,Berlin 1952. 94 S. II Ea 1o434

Drei Gutachten des Fachinstituts der Steuerberater Köln. Köln 1947. 19 S. II Ea 12158

Der Bund als Konzernunternehmer. Ein Beitrag zum Kapitel "Vermögen der öffentlichen Hand."2.Aufl. Bad Wörishofen 1954. 162 S. II Ea 1o719

Wohlgensinger,A.: Die öffentliche Meinung über Steuern und Finanzpolitik in der Schweiz. Freiburg 1953. 8o S. Freiburg,Jur,Fak.,Diss.v.22.Juni 1948 V Ea 7886

8.Kolchosrecht,Bodenrecht,Landwirtschaftliche Produktionsgenossenschaften

Erofeev,V.:(Der Schutz des Kolchoseigentums,russ.:) Ochrana kolchoznoj sobstvennosti. Moskau 1954. 39 S. III Ea 1o852

Kučera,E.;Z.Kučerová:(Über den Agrarierstaat,tschech.:) O agrárnický stát. Prag 1955. 194 S. IV Ea 7953

(Musterstatut für landwirtschaftliche Produktionsgenossenschaften in der Volksrepublik Bulgarien,poln.:) Wzorcowy statut rolniczej spółdzielni produkcyjnej (TKZS) w bułgarskiej republice ludowej.Uwagi wstępne opracował H.Świątkowski. Warschau 1954. 33 S. IV Ea 777o

(Musterstatut für landwirtschaftliche Produktionsgenossenschaften in der Volksrepublik Albanien,poln.:) Statut spółdzielni rolniczych w albańskiej republice ludowej.Uwagi wstępne opracował H.Swiątkowski. Warschau 1954. 23 S. IV Ea 7661

Die 3.Konferenz der Vorsitzenden und Aktivisten der Landwirtschaftlichen Produktionsgenossenschaften am 12.u.13.Dez.1954 in Leipzig. Berlin 1955. 296 S. I Ea 10684

9.Strafrecht - Strafprozeß

Andreev,L.;L.Lernell;J.Sawicki:(Das Strafrecht der Volksrepublik Polen,poln.:) Prawo karne polski ludowej.Bd 1.Warschau 1954. IV Ea 10374

Bauerle,G.:Steuerstrafe droht. Das Steuerstrafrecht in der Praxis des Beraters. Stuttgart 1954. 92 S. II Ea 10409

Čel'cov,M.A.:(Der sowjetische Strafprozeß,russ.:) Sovetskij ugolovnyj process. Moskau 1951. 510 S. III Ea 7783

Čel'cov,M.A.: Das Gutachten im sowjetischen Strafprozeß,russ.:) Provedenie ékspertizy v sovetskom ugolovnom processe.Moskau 1954. 279 S. III Ea 7787

Grodzinskij,M.M.: (Das Kassations- und Aufsichtsverfahren im soejetischen Strafrecht,russ.:) Kassacionnoe i nadzornoe proizvodstvo v sovetskom ugolovnom processe. Moskau 1953. 229 S. III Ea 7789

Hentig,H.von: Die Strafe.T.2: Die modernen Erscheinungsformen. Berlin 1955. 415 S. II Ea 8457

(Das organisierte Verbrechen in den Vereinigten Staaten Amerikas,russ.:)Organizovannaja prestupnost'v soedinennych štatach ameriki. Moskau 1953. 265 S. III Ea 7785

Papadatos,P.A.: Le Délit politique.Contribution á l'étude des crimes contre l'état. Genf 1954. 204 S. V Ea 10715

Pella,V.V.: Considérations sur un code des crimes contre la paix et la sécurité de l'humanité. Genf 1950. 22 S.V Eb 233

Piontkovskij,A.A.:(Fragen des allgemeinen Teils des Strafrechts in der Praxis der Staatsanwaltsorgane,russ.:) Voprosy obščej časti ugolovnogo prava v praktike sude'noprokurorskich organov. Moskau 1954. 129 S. III Ea 10739

Rittler,T.:Lehrbuch des oesterreichischen Strafrechts.2.neubearb.Aufl.Bd 1.Wien 1954. 401 S. V Ea 10559

Scheffler,H.: Kleiner Strafrechts-Lehrgang für Polizeibeamte. Lübeck 1954. 192 S. II Ea 10524

Sigg,M.: Das Rassestrafrecht in Deutschland in den Jahren 1933 bis 1945 unter bes.Berücks. des Blutschutzgesetzes.Aarau 1951. 126 S. V Ea 10401

Strogovič,M.S.:(Die strafrechtliche Verfolgung im sowjetischen Strafprozess,russ.:) Ugolovnoe presledovanie v sovetskom ugolovnom processe. Moskau 1951. 188 S. III Ea 7786

Materialien zur Strafrechtsreform. Bd 1-5. Bad Godesberg 1954. 5 Bde II Eb 259

(Das Strafrecht,Allgemeiner Teil,tschech.:) Trestní právo.Část obecná. Prag 1953. 3oo S. IV Ea 1o2o1

Śliwiński,S.:(Die Übergabe an das Gericht im Strafprozess,poln.:) Oddanie pod sąd w procesowym prawie karnym. Warschau 1955. 138 S. IV Ea 7874

1o.Kriminalistik-Gerichtliche Medizin

Keine Eingänge

11.Gerichtsverfassung (Einschl.Staatsanwaltschaft,Notariat, Anwaltschaft)

Beresoskaja,S.G.:(Die Staatsanwaltschaft in der sowjetischen Staatsführung,russ.:) Prokurorskij nadzor v sovetskom gosudarstvennom upravlenii. Moskau 1954. 1o5 S. III Ea 1o747

(Gerichtskosten.4.Aufl.,poln.:) Koszty sadowe. Wyd.4. Warschau 1954. 84 S. IV Ea 1o373

Karev,D.S.:(Die demokratischen Grundlagen der Organisation und der Tätigkeit des sowjet.Gerichts,russ.:) Demokratičeskie osnovy organisacii i dejatel'nosti sovetskogo suda. Moskau 1954. 51 S. III Ea 757o

Karev,D.S.:(Die Organisation des Gerichts und der Staatsanwaltschaft in der UdSSR,russ.:) Organizacija suda i prokuratury v SSSR. Moskau 1954. 283 S. III Ea 1o378

Kern,E.: Gerichtsverfassungsrecht. 2.,völlig neubearb.Aufl. München,Berlin 1954. 283 S. II Ea 1o884

Lebiedinski,W.:(Die Organisation der Arbeit der sowjetischen Staatsanwaltschaft,poln.:) Organizacja pracy prokuratury radzieckiej. Warschau 1955. 162 S. IV Ea 7871

Minkovski,G.;V.Tumanow:(Das Gericht in der UdSSR und in den kapitalistischen Ländern,russ.:) Sud v SSSR i v stranach kapitala. Moskau 1954. 69 S. III Ea 1o5oo

Ansprachen aus Anlaß der 75.Wiederkehr des Tages des Inkrafttretens der Reichsjustizgesetze und der Errichtung des Reichsgerichts. Hrsg.v.Bundesminister der Justiz. Bonn 1954. 55 S. II Ea 1o5o8

(Der staatliche Ankläger im Sowjetgericht,russ.:) Gosudarstvennyj obvinitel'v sovetskom sude. Moskau 1954. 3o4 S. III Ea 7776

Wolin,A.A.: Die erzieherische Rolle des sowjetischen Gerichts. (Aus dem Russ.übers.) Berlin 1955. 52 S. I Ea 12219

12.Freiwillige Gerichtsbarkeit

Keine Eingänge

13.Vertragssystem - Arbitrage

Nizsalovzky,E.: Der neue Kurs und einige prinzipielle Fragen des Vertragssystems. O.O.(um 1955). 31 Bl. I Eb 662

14.Zivilrecht - Zivilprozeß

Batyrev,W.M.: Die Organisation und Planung des Geldumlaufs in der UdSSR. (Aus dem Russ.übers.) Berlin 1955. 296 S. I Ea 1o491

Blažke,J.:(Gemeinsame Verpflichtungen.Über den neuen Begriff der Korrealität,tschech.:) Společné závazky.O nové pojetí koreality. Prag 1953. 125 S. IV Ea 1o194

Boor,H.O.de: Bürgerliches Recht. 2.Aufl.Bd 1. Wiesbaden 1954. 528 S. II Ea 1o446

Allgemeine Grundlagen des Bürgerlichen und Handelsrechts.Hrsg. von H.Graven u.T.Rohlfing.Neubearb.2o.Aufl. Rosenheim 1955.269 S. II Ea 1o888

Chalfina,R.O.:(Die Bedeutung und das Wesen des Vertrages im sowjetischen sozialistischen Zivilrecht,russ.:) Značenie i suščnost'dogovora v sovetskom socialističeskom graždanskom prave. Moskau 1954. 237 S. III Ea 7784

Ebel,W.: Bürgerliches Rechtsleben zur Hansezeit in Lübecker Ratsurteilen. Göttingen,Frankfurt/M,Berlin 1954. 85 S. II Ea 1o414

Eichler,H.: Institutionen des Sachenrechts.Ein Lehrbuch.Bd 1. Berlin 1954. 2ol S. II Ea 1o768

Probleme des Eigentums und Miteigentums. Bericht über die 16. Arbeitstagg d.Arbeitsgemeinschaft selbständiger Unternehmer in Reutlingen am 23./25.April 1954. Bonn 1954. 72 S. II Ea 1o726

Der Eigentumsvorbehalt im deutschen Recht.Bearb.von D.Graue. Frankfurt/M. 1954. 44 S. II Ea 1o632

Fabry,V.:(Das Recht der landwirtschaftlichen Genossenschaften, tschech.:) Zemědělskodružstevní právo. Prag 1954. 1o8 S. IV Ea 1o19o

Fey,W.: Die Wohnungsmiete im Rahmen des gesamten Verbrauchs. Bonn 1954. 79 S. II Ea 1o627

Gleiss,A.: Kartelle und Monopole. England als Beispiel. Heidelberg 1952. 144 S. II Ea 1o41o

Grieken,W.van: Lexikon des Miet- und Wohnrechts nach dem neuesten Stand der Rechtsprechung.Nebst Erg.-Lfg. Hannover,Berlin 1953. Hauptw.: 175 S. Erg.-Lfg. 38 S. II Ea 1o943

Hedemann,J.W.: Sachenrecht des Bürgerlichen Gesetzbuches. 2.umgearb.Aufl. Berlin 1950. 455 S. II Ea 10794

Hoche,U.: Zivilprozeßrecht.Ein Lehrbuch für Studium und Praxis. 2.verb.Aufl. Darmstadt 1954. 584 S. II Ea 10885

Isay,R.: Die Geschichte der Kartellgesetzgebungen.Berlin 1955. 90 S. II Ea 10956

Kazancev,N.D.: (Das Kolchos-Eigentumsrecht in der UdSSR,poln.:) Prawo własności kołchozowej w ZSRR.Warschau 1955. 43 S. IV Ea 7872

Kolganov,M.V.: (Das Eigentum in der sozialistischen Gesellschaft,russ.:) Sobstvennost' v socialističeskom obščestve. Moskau 1953. 388 S. III Ea 7788

3.Genossenschaftstag des VDK vom 12.-15.Mai 1955 in Leipzig. Bd 1: Die Konsumgenossenschaften im Kampf um die Lösung der Lebensfragen der deutschen Nation. Berlin 1955. 224 S. I Ea 7981

Kronrod,J.A.: (Das Geld in der sozialistischen Gesellschaft, russ.:) Den'gi v socialističeskom obščestve. Moskau 1954. 374 S. III Ea 10503

Kuhr,T.: Demokratie und Monopol in den Vereinigten Staaten von Nordamerika. Bad Nauheim 1954. 171 S. II Ea 10705

Kummer,M.: Das Klagerecht und die materielle Rechtskraft im schweizerischen Recht.Bern 1954. 218 S. V Ea 10562

Lehmann,H.: Allgemeiner Teil des Bürgerlichen Gesetzbuches. 8.verm.u.verb.Aufl. Berlin 1954. 468 S. II Ea 10763

Marton,G.: Les Fondements de la responsabilité civile.Révis. de la doctrine.Essai d'un système unitaire.Paris 1938.459 S. Ea 7669

Očkov,V.; L.Nikolov:(Mietgesetz.Text-Auslegung - Praxis, bulgar.:) Zakon za naemite.Tekst-t'lkuvanie-praktika.Sofia 1954. 243 S. IV Ea 7940

Osterheld,H.: Die Vollstreckung von Entscheidungen der Europäischen Gemeinschaft für Kohle und Stahl in der Bundesrepublik Deutschland. Frankfurt/M. 1954. 105 S. II Ea 10897

Pritzkoleit,K.: Bosse,Banken,Börsen.Herren über Geld und Wirtschaft.München,Wien 1954. 440 S. II Ea 10445

Altsparentschädigung für Privathypotheken.(Okt.1954) Hrsg.: Deutscher Sparkassen- und Giroverband e.V.,Bonn. Stuttgart 1954. 47 S. II Ea 10412

Röpke,W.: Borgkauf im Lichte sozialethischer Kritik.Köln,Berlin 1954. 21 S. II Ea 10803

Schlumpf,L.: Die Berücksichtigung von Versicherungseinrichtungen in der staatlichen Alters- und Hinterlassenenversicherung, insbes.in der Schweiz.Zürich 1952. 129 S. Zürich,Rechts-u. staatswiss.Fak.,Diss.v.24.Nov.1951 V Ea 7883

Seidel,H.: Teilzahlungskredit und Geldschöpfung.Köln,Berlin 1954. 46 S. II Ea 1o799

Serick,R.: Rechtsform und Realität juristischer Personen.Ein rechtsvergleichender Beitrag zur Frage des Durchgriffs auf die Personen oder Gegenstände hinter den juristischen Personen. Berlin 1955. 244 S. II Ea 1o954

Štajgr,F.;Boura:(Der Staatsanwalt im Zivilprozeß,tschech.:) Prokurator v občanském soudním řízení. Prag 1955. 118 S. IV Ea 7947

Štajgr,F.: (Lehrbuch des Zivilprozeßrechts,tschech.:) Učebnice občanského práva procesního. Prag 1955. 5o8 S. IV Ea 1o189

Thiem,M.: Vom Zwangssparen zur freien Kapitalbildung. Wien 1953. 39 S. V Ea 1o39o

Thommen,W. Beiträge zur Lehre vom Begriff der guten Sitten im schweizerischen Privatrecht. Winterthur 1954. 182 S. V Ea 1o418

Venediktov,A.V.:(Der zivilrechtliche Schutz des sozialistischen Eigentums in der UdSSR,russ.:) Graždansko-pravovaja ochrana socialističeskoj sobstvennosti v SSSR. Moskau 1954. 266 S. III Ea 7778

Wallraff,H.F.: Zum Kartellproblem. Paderborn 1953. 36 S. II Ea 1o439

(Allgemeine Vorschriften des Zivilrechts sowie Einführungsvorschriften,poln.:) Przepisy ogólne prawa cywilnego oraz przepisy wprowadzające. Warschau 1954. 23 S. IV Ea 1o376

15.Handelsrecht,Wertpapierrecht,Urheber-und Erfinderrecht

Allyn,S.C.: Aussenhandel als Schlüssel zum Weltfrieden.Köln 1954. 4 Bl. II Eb 97

Gierke,J.von : Handelsrecht und Schiffahrtsrecht. 7.verm.u. verb.Aufl. Berlin 1955. 644 S. II Ea 1o944

Giese,F.;J.H.von Brunn: Wettbewerb und Wettbewerbsbeschränkung. Baden-Baden 195o. 118 S. II Ea 1o542

Goossens,F.: "Wie werde ich Aktionär?" München 1954. 199 S. II Ea 1o63o

Grimm,W.: Der Einfuhrhandel. Regeln,Handelsbrauch,Recht. 2.Aufl. Hamburg 1954. 121 S. II Ea 1o447

Haensel,K.: Leistungsschutz oder Normalvertrag.Bemerkungen zur Urheberrechtsreform. Hamburg 1954. 151 S. II Ea 1o544

Jacobi,E.: Grundriss des Rechts der Wertpapiere im allgemeinen. 3.Aufl. Leipzig 1925. 126 S. Ea 11341

Jacobi,E.: Grundriss des Wechsel-u.Scheckrechts mit Anhang über die wirtschaftliche Bedeutung von Wechsel und Scheck.Leipzig 1926. 167 S. Ea 11342

Jacobi,E.: Die Wertpapiere im bürgerlichen Recht.2.Aufl.Leipzig 1917. 452 S. Ea 11340

Jacobs,H.: Stevens'elements of mercantil law. 10.ed.London 1938. 694 S. Ea 11337

Lemhoefer,D.: Der Schutz der gestalteten Werbeidee. Eine Grundlegung des Rechtsschutzes der Wirtschaftswerbung.Düsseldorf 1954. 93 S. II Ea 10437

Liekweg,F.W.: Handelsgebräuche,Einheitsbedingungen und Schiedsgerichte.2.verb.u.erw.Aufl. Hannover 1954. 48 S. II Ea 10430

Reuter,H.: Langfristige Kredite und Handelsverträge. Köln 1954. 4 Bl. II Eb 97

Scholz,F.: Ausschließung und Austritt aus der GmbH. Köln 1947. 42 S. II Ea 12160

Schulze,E.: Recht und Unrecht.Eine Studie zur Urheberrechtsreform. München, Berlin 1954. 268 S. V Eb 248

Das künftige Urheberrecht.Referentenentwurf d.Bundesmin.d. Justiz vom 15.März 1954 mit amtl.gekürzter Begründg, kommentarähnl. gegliederte Textausg.mit Übersichten u.Registern. Hrsg.von L.Delp. Berlin,Neuwied/Rhein 1955. 118 S. II Ea 10453

Referentenentwürfe zur Urheberrechtsreform.Veröffentl.durch d.Bundesjustizministerium. Bonn 1954. 394 S. II Ea 10457

16.Familienrecht

Berg,E.: Zur Theologie der Familie. Paderborn [um 1955]. 32 S. II Ea 10433

Hinderling,H.: Das schweizerische Ehescheidungsrecht.Eine Darstellung der Rechtsprechung. Zürich 1952. 147 S. V Ea 10402

Piatowski,J.St.:(Vermögensverhältnisse der Ehegatten,poln.:) Stosunki majatkowe miedzy małżonkami. Warschau 1955. 162 S. IV Ea 7875

17.Internationales Privatrecht

Problems of public and private international law. London 1953. 170 S. V Ea 10203

18.Arbeitsrecht

(Arbeitsschutz,russ.:) Ochrana truda. Moskau 1954. 238 S. III Ea 7790

Artem'ev,F.A.:(Die Arbeitsstreitigkeiten,russ.:) Moskau 1955. 17 S. III Ea 10931

Bakulev,A.:(Die Sorge des Sowjetstaates um die Gesundheit der Werktätigen,russ.:) Zabota sovetskogo gosudarstva o zdorov'e trudjaščichsja. Moskau 1954. 78 S. III Ea 7793

Betriebsräte und Vertrauensleute. Frankfurt/M.1952. 3o S. II Ea 1o9o1

Der Jugendvertreter nach dem Betriebsverfassungsgesetz.Seine Aufgaben,Rechte u.Pflichten in den Metallbetrieben d.Industrie u.d.Handwerks. Frankfurt/M. 1955. 36 S. II Ea 1o9o5

Duvankov,G.S.:(Die Tätigkeit der Kommissionen und gesellschaftlichen Inspektoren für Arbeitsschutz. 2.Aufl.,russ.:) Rabota komissij i obščestvennych inspektorov po ochrane truda. Moskau 1954. 126 S. III Ea 1o75o

Führer,J.F.: Die Welt ohne Arbeitslosigkeit. Wien 1954. 38 S. V Ea 1o56o

Gaul,D.: Die Arbeitsbewertung in ihrer rechtlichen Bedeutung. Zugleich ein Beitrag zum Betriebsverfassungsrecht. Kassel 1954. 164 S. II Ea 11114

Hagner,G.; H.Weng:Arbeitsschwierigkeit und Lohn. Darstellung u.Anleitung der Arbeitsbewertung nach Rangreihen. 2.überarb. Aufl. Köln 1952. 277 S. II Ea 1o533

Heuss,Th.: Aktuelle Sozialprobleme. Köln 1954. 4 Bl. II Eb 97

Höffner,J.: Die Stellung der leitenden Angestellten im Betrieb. Köln 1954. 4 Bl. II Eb 97

Hueck,A.;K.C.Nipperdey:Lehrbuch des Arbeitsrecht. 6.völlig neu bearb.Aufl. Bd I. Lfg.1. Berlin 1955. 99 S. II Ea 1o958

Huppert,W.: Betriebliches Miteigentum der Arbeitnehmer. Berlin,München 1954. 65 S. II Ea 1o441

Jaskiewicz,W.:(Das gesetzliche Arbeitsverhältnis in den polnischen Genossenschaften,poln.:) Prawny stosunek pracy w polskich spółdzielniach pracy. Warschau 1955. 232 S.IV Ea 121o1

Koch,M.J.: Die Bergarbeiterbewegung im Ruhrgebiet zur Zeit Wilhelm II.(1889-1914). Düsseldorf 1954. 16o S. II Ea 1o7o7

Koenigs,F.: Grundfragen der betrieblichen Mitbestimmung. Hamburg 1954. 151 S. II Ea 1o762

Kunz, F.: Das Recht auf Arbeit. Eine demokratische Lebensforderung des werktätigen deutschen Volkes. Berlin 1955. 71 S. I Ea 11271

Die Neugestaltung der Löhne bei den sowjetischen Konsumgenossenschaften.(Aus d.Russ.übers.) Berlin 1951. 91 S. I Ea 1o849

Lopatina,O.F.: Die Ausarbeitung von Leistungsnormen in den Kollektivwirtschaften.(Aus d.Russ.übers.) Berlin 1953. 111 S. I Ea 11o28

Mathews,R.E.: Labor relations and the law. Boston 1953. 1100 S.
V Ea 10338

Mausolff,A.: Gewerkschaft und Betriebsrat im Urteil der Arbeitnehmer. Darmstadt 1952. 176 S. I Ea 10604

Molitor,B.: Warum soziale Gerechtigkeit? Paderborn(um 1953). 32 S. II Ea 10432

Molitor,E.: Die Kündigung. Unter bes.Berücksichtigung der Kündigung des Arbeitsvertrages. 2.erg.u.verm.Aufl. Mannheim 1951. 336 S. II Ea 10556

Müller,G.: Zur Tariffähigkeit der unter das Mitbestimmungsgesetz Bergbau und Eisen fallenden Unternehmen. Frankfurt/M. 1953. 15 S. II Ea 10903

Nikisch,A.: Arbeitsrecht. 2.erw.u.völlig neubearb.Aufl.Bd 1. Tübingen 1955. 736 S. II Ea 10716

Nöllenburg,W.auf der : Gerechte Entlohnung und Altersversorgung.Eine Denkschrift. 3.erw.Aufl. Berlin 1955. 48 S.
II Eb 256

Pasquier,A.: Les Doctrines sociales en France.Vingt ans d' évolution 1930-1950. Paris 1950. 527 S. V Ea 10780

Wege zur Mitarbeit der Werktätigen bei der Planung des Betriebes. Berlin 1955. 67 S. I Ea 10685

Pulec,V.: (Die Gewerkschaftsbewegung in den Vereinigten Staaten Nordamerikas,tschech.:) Odborove'hnutí ve Spojených státech amerických. Prag 1954. 234 S. IV Ea 10205

Schlegel,R.: Fragen des Arbeitsrechts. Berlin 1955. 268 S.
I Ea 11263

Schürholz,F.: Die deutschen Gewerkschaften seit 1945.Praktische Arbeit und Reformbedürfnisse. Düsseldorf 1955. 62 S.
II Ea 10545

Zur Reform der sozialen Rentenversicherung.Hrsg.v.Präsidium des Bundes der Steuerzahler. Bad Wörishofen 1954. 16 S.
II Ea 10714

Teng Czung-sia.:(Abriss der Gewerkschaftsbewegung in China, poln.:) Zarys ruchu zawodowego w Chinach. Warschau 1954. 296 S. IV Ea 10732

Wolfer,H.: Die Verantwortung des Unternehmers. Köln 1954. 4 Bl. II Eb 97

19.Sammelwerke

Festschrift Ernst Bloch zum 70.Geburtstag. Hrsg. R.O.Gropp. Berlin 1955. 304 S. I Ea 10997

Festschrift Hans Lewald, bei Vollendung des 4o.Amtsjahres als ordentlicher Professor im Okt.1953. Basel 1953. 641 S.
V Ea 1o424

Festschrift für Hans Niedermeyer zum 7o.Geburtstag, 3o.Mai 1953. Göttingen 1953. 294 S.
II Ea 1o883

Radbruch, G.: Gestalten und Gedanken. Zehn Studien. Neue erw. Aufl. Stuttgart 1954. 223 S.
II Ea 1o455

III. SONSTIGE WISSENSGEBIETE

Geographie

Baranski, N.N.: Die ökonomische Geographie der UdSSR.(Aus d. Russ.übers.) Berlin 1954. 432 S.
I Ea 11262

Sanke, H.: Die Erdölwirtschaft des Imperialismus in ihren geographischen Grundlagen.2.Aufl. Berlin 1o6 S.
I Ea 11365

Geschichte

Geschichte Indiens.2.Aufl. (Aus dem Russ. übers.) Berlin 1954. 97 S.
I Ea 11144

Geschichte Irans.2.Aufl. (Aus dem Russ. übers.) Berlin 1955. 8o S.
I Ea 11146

Geschichte Spaniens. 2.Aufl. (Aus dem Russ. übers.) Berlin 1955. 92 S.
I Ea 11145

Kulturgeschichte

Becher, J.: Die Kulturpolitik der Deutschen Demokratischen Republik. Leipzig, Jena 1955. 21 S.
I Ea 1o847

Schult, J.: Die Hamburger Arbeiterbewegung als Kulturfaktor. Ein Beitrag zur hamburgischen Kulturgeschichte. Hamburg 1954. 12o S.
II Ea 1o536

Landwirtschaft

Anissimow, N.: Die Entwicklung der Landwirtschaft im fünften Fünfjahrplan. (Aus dem Russ. übers.) Berlin 1955. 234 S.
I Ea 11368

Soziologie

Croner, F.: Die Angestellten in der modernen Gesellschaft. Eine sozialhistorische und soziologische Studie. (Aus dem Schwed.übers.) Frankfurt/M., Wien 1954. 265 S.
II Ea 1o71o

Ebeling, H.: Human Relations in Deutschland. Bad Nauheim 1954. 31 S.
II Ea 1o391

Geppert, T.: Teleologie der menschlichen Gemeinschaft. Grundlegung der Sozialphilosophie und Sozialtheologie. Münster 1955. 151 S.
II Ea 1o398

Wiese,L.von: Spätlese.Köln,Opladen 1954. 1o7 S. II Ea 1o886

Wirtschaftswissenschaften

Berg,F.: Die Grundlagen der Wirtschaft stärken. Köln 1954. 4 Bl.
II Eb 97

Bosch,W.: Die Saarfrage.Eine wirtschaftliche Analyse.Heidelberg 1954. 174 S. II Ea 1o444

Fünf Jahre **Bundesverband der deutschen Industrie.** Aufbau und Arbeitsziele des industriellen Spitzenverbandes.Hrsg.vom Bundesverband der Deutschen Industrie. Bergisch Gladbach 1954. 231 S. II Ea 1o8oo

Das **Dorf** im Spannungsfeld industrieller Entwicklung.Untersuchung an den 45 Dörfern und Weilern einer westdeutschen ländlichen Gemeinde. Stuttgart 1954. 3oo S. II Ea 1o95o

Europäische Gemeinschaft für Kohle und Stahl. Exposé über die Lage der Gemeinschaft für die außerordentliche Sitzungsperiode der gemeinsamen Versammlung. (Nov.1954) Luxemburg 1954.16o S.
V Ea 1o911

Hellwig,F.: Saar zwischen Ost und West.Die wirtschaftliche Verpflichtung des Saarindustriebezirks mit seinen Nachbargebieten. Bonn 1954. 219 S. II Ea 1o891

Jürgensen,H.: Die westeuropäische Montanindustrie und ihr gemeinsamer Markt.Göttingen 1955. 264 S. II Ea 1o517

Lilienthal,D.E.: Big Business.Ausblick auf eine neue Aera amerikanischer Großunternehmen. (Aus dem Engl.übers.) Berlin 1954. 22o S. II Ea 1o413

Schneider,G.: Die Wahrheit über die Saarwirtschaft.Köln 1951. 48 S. II Ea 1o515

Stein,G.: The World the Dollar Built. New York 1953. 288 S.
V Ea 1o596

IV.SONSTIGES

Beljavskij,M.T.:(Der 2oo.Jahrestag der Moskauer Universität, russ.:) 2oo-letie moskovskogo universiteta.Moskau 1955.39 S.
III Ea 7812

Pekin - capitale de la Chine. (Abb.von Peking) Pekin 1954. 16 Bl. IV Ea 799o

D. Ü B E R S E T Z U N G E N A U S D E R Z E I T - S C H R I F T "S O V E T S K O E G O S U D A R S T V O I P R A V O"[1]

Aus der Zeitschrift "Sovetskoe gosudarstvo i pravo" (Sowjetstaat und Sowjetrecht), die im Deutschen Institut für Rechtswissenschaft laufend vollständig übersetzt wird, gingen in dieser Berichtszeit folgende Artikel ein:

Jg.1955, Heft 3[2]

Denisov, A.I. (Denisow, A.I.): W.I.Lenin über die Rolle des Volkes und des sozialistischen Staates beim Aufbau des Kommunismus. 23 S.

Borisov, A. (Borisow, A.): Einige Fragen des Kolchosrechts im Lichte der Beschlüsse des Januar-Plenums des ZK der KPdSU. 19 S.

Mišutin, A.N.; Ju.A.Kalenov (Mischutin, A.N. - Ju.A.Kalenow): Die sozialistische Gesetzlichkeit ist allseitig zu festigen und die Aufsicht der Staatsanwaltschaft über die genaue Einhaltung der Gesetze ist zu verbessern. 24 S.

Zu den Ergebnissen der Diskussion über die Anwendung der Normen des Sowjetrechts. 25 S.

Dembo, L.I.: Das Kolchosrecht im System des Sowjetrechts in der gegenwärtigen Etappe. 30 S.

Lange F.F.u.a.: Über brennende Fragen des Erfinderrechts in der UdSSR. 15 S.

Matveev, G.K. (Matwejew, G.K.): Über die zivilrechtswidrige Handlung. 17 S.

Ramzajcev, D.F. (Ramsaizew, D.F.): Die Rechtsstellung der Außenhandelsarbitragekommissionen. 20 S.

Grodzinskij, M.M. (Grodsinski, M.M.): Die Festigung der sozialistischen Gesetzlichkeit und die Fragen des sowjetischen Strafprozesses. 20 S.

Bitjukov, S.P. (Bitjukow, S.P.): Prozessuale Fragen, die im Zusammenhang mit der Anwendung des Erlasses des Präsidiums des Obersten Sowjets der UdSSR vom 14.Aug.1954 stehen. 13 S.

Zur Diskussion über die Fragen der Theorie des Völkerrechts. 26 S.

1) Die hier angezeigte Literatur ist gemäß der Benutzungsordnung der Bibliothek des Deutschen Instituts für Rechtswissenschaft für die Mitglieder des des Deutschen Instituts für Rechtswissenschaft, Ministerien und zentrale Institutionen der Deutschen Demokratischen Republik und nach der Leihverkehrsordnung der Bibliotheken ausleihfähig.

2) Die Ordnung der Titel erfolgt entsprechend der Anordnung der Beiträge im Originalheft.

Ivanov,P.;V.Vasil'ev (Iwanow,P.-W.Wasiljew):Die Konferenz der Juristen der Länder Asiens. 14 S.

Noch einmal zur Rechtsstellung der Dorfsowjets der Deputierten der Werktätigen. 4 S.

Koordinierungskonferenz über Fragen der wissenschaftlichen Forschungsarbeit auf dem Gebiet der Rechtswissenschaft. 7 S.

Budylev,A.F.(Budyljew,A.F.): Zum 150-jährigen Bestehen der Kasaner Staatlichen W.I.Uljanow-Lenin-Universität. 5 S.

Rogožin,A.I.(Rogoshin,A.I.): Zum 150-jährigen Jubiläum des juristischen Hochschulwesens in Charkow. 2 S.

Inckirveli,G.Z.(Inskirweli,G.S.): Diskussion zum Buch von B.W. Charasischwili "Kriminalistik. Allg.Teil". 2 S.

Diskussion über das Sammelwerk "Über die Rolle des Rechts bei der Ausnutzung der objektiven ökonomischen Gesetze" im Allunionsinstitut für Rechtswissenschaften. 11 S.

Verteidigung von Doktor-Dissertationen. 2 S.

Ein Geschenk der Chinesischen Gesellschaft zum Studium der politisch-juristischen Wissenschaften an das Rechtsinstitut. 1 S.

Sadikov,O.N.;G.V.Barabašev (Sadikow,O.N.;G.W.Barabaschew): [Rez.] Die Verfassung und die grundlegenden Gesetzgebungsakte der Ungarischen Volksrepublik. 10 S.

Talalaev,A.N. (Talajajew,A.N.): Ein holländischer Jurist über die Prinzipien des Nürnberger Prozesses. 5 S.

Man'kovskij,B.S.; A.G.Mozochina (Mankowski,B.S.; A.G.Mosochina): [Besprechung.] Das Strafrecht Polens schützt das gesellschaftliche Eigentum. 6 S.

Vydrja,M.M.; G.P.Jarženec (Wydrja,M.M.; G.P.Jarshenjez): [Rez.] Der Anwalt im sowjetischen Strafprozeß. Handbuch für Anwälte. 12 S.

Durdenevskij,V.N.; V.V.Ljubomudrova (Durdenjewski,W.N.; W.W. Ljubomudrowa): Besprechung über F.I.Koshewnikow "Der Große Vaterländische Krieg der Sowjetunion und einige Fragen des Völkerrechts". 7 S.

Ladyženskij,A.M.(Ladyshenski,A.M.): Über das Buch von M.N.Gernet "Die Geschichte des zaristischen Gefängniswesens". Bd 3.4. 10 S.

Vinberg,A.I.(Winberg,A.I.): Neue Bücher über das Sachverständigengutachten im Strafprozeß. 18 S.

Neue juristische Literatur.(Jan.-Febr.1955) 10 S.

Jg.1955,Heft 4

Aksenenok,G.A. (Axenjonok,G.A.):Fragen der rechtlichen Sicherung der richtigen und produktivsten Ausnutzung des Bodens. 8 S.

Ronin,S.L.:Die historische Bedeutung der Sowjets vom Jahre 19o5 (aus Anlaß des 5o.Jahrestages der ersten russischen Revolution). 25 S.

Svešnikov,M.N.(Sweschnikow,M.N.): Die Bedeutung der Staatsbank der UdSSR für die Durchführung des Sparsamkeitsregimes. 27 S.

Czan Čži-Žan,(Tschan Tschi-shan): Das Volksgericht China nach Verkündigung der Verfassung. 21 S.

Kečėk'jan,S.F. (Ketschekjan,S.F.): Die politischen und rechtlichen Anschauungen Montesquieus. 3o S.

Čchikvadze,V.M.(Tschchikwadse,W.M.): Begriff und Bedeutung des Tatbestandes im sowjetischen Strafrecht. 23 S.

Rachunov,R.D. (Rachunow,R.D.): Die Formvorschrift im Strafprozeß und die sozialistische Gesetzlichkeit. 15 S.

Izvolenskij,V.N. (Iswolenski,W.N.): Das neue Eisenbahnstatut der UdSSR. 15 S.

Levin,I.D.; V.A.Mamaev (Lewin,I.D.;W.A.Mamajew):Die Verfassung der Indischen Republik. 3o S.

Bogdanov,O.V.(Bogdanow,O.W.) :Die bürgerliche völkerrechtliche Doktrin über das Problem der internationalen Zusammenarbeit. 29 S.

Zivs,S.L. (Siws,S.L.): Die gesetzgeberische Verankerung der Rassendiskriminierung in den USA und in den Ländern des Britischen Imperiums. 26 S.

Roščin,A. (Roschtschin,A.) Erörterung der mit dem Beschluß des Januar-Plenums des ZK der KPdSU im Zusammenhang stehenden Fragen. 18 S.

Aus dem Allunionsinstitut für Rechtswissenschaft. 7 S.

Aus dem Saratower Rechtsinstitut "D.I.Kurski". 7 S.

Andreev,A.B. (Andrejew,A.B.):Über die rechtlichen Mittel, die zur Einführung der technischen Neuerungen beitragen.(Übersicht über die Diskussion,die in der Redaktion der Zeitschrift "Sowjetstaat und Sowjetrecht" durchgeführt wurde.) 2o S.

Filanovskij,I.G.(Filanowski,I.G.):Aus der juristischen Fakultät der Leningrader A.A.Shdanow-Universität. 2 S.

Kiseniškij,M.M.; A.I.Kim (Kisenischski,M.M.; A.I.Kim):Aus der juristischen Fakultät der Tomsker Staatlichen Universität. 1 S.

Bolotova,L.M. (Bolotowa,L.M.): Theoretische Konferenz der Aspiranten und Lehrer des Sektors Recht bei der Akademie der Wissenschaften der Kasachischen SSR und des Alma-Atinsker Rechtsinstituts. 2 S.

Kozlov,A.F.; Ju.K.Osunov; V.M.Semenov (Koslov,A.F.; Ju.K.Osunow;W.M.Semjonow):Über das Buch "Der sowjetische Zivilprozeß" von A.F.Klejnman. 5 S.

Tadevosjan, V.S. (Tadewosjan, W.S.) :Über das Buch "Der sowjetische Zivilprozeß" von A.A.Klejnman. 8 S.

Žudro, A.K. (Shudro, A.K.) :Über das Buch "Das sowjetische Seerecht" von A.D.Keilin. 7 S.

Kagramanov, V.P. (Kagramanow, W.P.) :Über das Buch "Der strafrechtliche Schutz des persönlichen Eigentums in der UdSSR" von B.S. Nikiforow. 8 S.

Gantman, V.I. (Gantman, W.I.) :Ein Buch über das gegenwärtige politische System Großbritanniens. 9 S.

Krylov, S.B. (Krylow, S.B.) :Über das Buch "Theorie und Realität im internationalen öffentlichen Recht" von Charles Visscher. 2 S.

Il'inskij, I.P. (Iljinski, I.P.): Überblick über die polnische Zeitschrift "Panstwo i prawo", Jg.1954. 6 S.

Neue juristische Literatur (März 1955). 5 S.

E. 2.(16.) VERZEICHNIS DER IN DER BIBLIOTHEK DES DEUTSCHEN INSTITUTS FÜR RECHTSWISSENSCHAFT VORHANDENEN UNVERÖFFENTLICHTEN ÜBERSETZUNGEN[1)]

1. Gesetzesmaterialien und Dokumente (auch Verfassungen und Kurzkommentare

Fischwirtschaftsverordnung. Položenie o rybnom chozjajstve [dt.] 14 S.
Aus: Sbornik zakonov SSSR.1925, Nr 58, st.44o. ÜR 752

Programm der sowjetischen Gerichtsstatistik für die juristischen Hochschulen. Hrsg. vom Ministerium für Kultur der UdSSR, Hauptverwaltung für Hochschulwesen. Bestätigt am 25.Juni 1953. 17 S.
Quelle: Manuskript. ÜR 757

Gerichtsverfassungsgesetz der UdSSR, der Unions- und Autonomen Republiken. Zakon o sudoustrojstve SSSR, Sojuznych i Avtonomnych Republik [dt.] Am 16.Aug.1938 vom Obersten Sowjet der UdSSR angenommen. 23 S.
Orig.ersch.: Moskau 1954. ÜR 746

1) Die hier angezeigte Literatur ist gemäß der Benutzungsordnung der Bibliothek des Deutschen Instituts für Rechtswissenschaft für die Mitglieder des Deutschen Instituts für Rechtswissenschaft, Ministerien und zentrale Institutionen der Deutschen Demokratischen Republik und nach der Leihverkehrsordnung der Bibliotheken ausleihfähig.- Verzeichnis 1 - 4 erschien hektographiert, Verzeichnis 5 - 14 ist enthalten im Mitteilungsblatt des Deutschen Instituts für Rechtswissenschaft 1953, Nr. 1 - 1955, Nr. 3

Mustersatzung des landwirtschaftlichen Artels. Primernyj ustav sel'skochozjajstvennoj artel'[dt.] 19 S.
Aus: Sbornik zakonov SSSR. 1935, No.11 st.82. ÜR 75o

Erlaß über die Volksmiliz in der Volksrepublik Bulgarien. 13 S.
Aus: Izvestija v.29.3.1955. ÜB 113

2.Theorie des Staates und des Rechts

Bachrach,A.;J.Marowski:Fragen der Gesetzlichkeit. Z zagadnień praworządności [dt.] 29 S. [Betr.Polen]
Aus: Nowe prawo. 1955/5. ÜP 3o6

Bakiča,I.:Zur Frage des Systems des tschechoslowakischen volksdemokratischen Rechts.K otázke systému československého l'udovodemokratického práva [dt.] 37 S.
Quelle: Manuskript. ÜT 277

Földesi,T.:Wie können Marx'und Engels' Kritiken über die bürgerlichen Staats-und Rechtstheorien angewandt werden? Hogyan használjuk fel ma Marx és Engels bírálatait a burzsoa jog-és államelméletekről? [dt.] 32 S.
Aus: Jogtudományi közlöny. 1954/5. ÜUn 94

Gábor,P.:Vor dem Rechtswissenschaftlichen Kongreß. A jogtudományi Kongresszus elé [dt.] 8 S.
Aus: Jogtudományi közlöny. 1954/9-1o. ÜUn 85

Glezerman,G.(Gleserman,G.):Die schöpferische Rolle der Volksmassen in der Entwicklung der sozialistischen Gesellschaft. Tvorčeskaja rol'narodnych mass v razvitii socialističeskogo obščestva [dt.] 39 S.
Aus: Kommunist. 1955/3. ÜR 742

Iovčuk,M.T.(Jowtschuk,M.T.):Die Rolle der sozialistischen Ideologie im Kampf mit den Überbleibseln des Kapitalismus.Rol'socialističeskoj ideologii v bor'be s perežitkami kapitalizma [dt.] 34 S.
Aus: Voprosy filosofii. 1955/1. ÜR 767

Kammari,M.:Die sozialistischen Nationen der UdSSR unter den Bedingungen des Überganges vom Sozialismus zum Kommunismus.Socialističeskie nacii SSSR v usloviach perechoda ot socializma k kommunizmu [dt.] 35 S.
Aus: Kommunist. 1953/15. ÜR 759

Malyš,A.I.(Malysch,A.I.):Die ökonomische Lage der Werktätigen Westdeutschlands nach dem zweiten Weltkrieg. Ėkonomičeskoe položenie trudjaščichsja zapadnoj germanii posle vtoroj mirovoj vojny [dt.] 29 S.
Aus: Voprosy istorii. 1954/6. ÜR 769

Über die Tätigkeit des Rechtsinstituts der Tschechoslowakischen Akademie der Wissenschaften. O činnosti Ústavu práva ČSAV.[dt.] 4 S.
Aus: Právník. 1955/7. ÜT 273

Aus der Abteilung der Wirtschafts-,philosophischen und Rechtswissenschaften.V otdelenii ėkonomičeskich,filosofskich i pravovich nauk [dt.] 9 S.
Aus: Vestnik akademii nauk SSSR. 1955/4. ÜR 761

Rozental',M.M.(Rosental,M.M.):Über die Rolle der wissenschaftlichen Abstraktion in der Erkenntnis. O roli naučnoj abstrakcii v poznanii [dt.] 30 S.
Aus: Voprosy filosofii. 1954/2. ÜR 756

Šachnovskij,B.A.(Schachnowski,B.A.):Aus dem Rechtsinstitut "A.J.Wyschinski". V institute prava im. A.J.Vyšinskogo [dt.] 7 S.
< Erört.d.Aufgaben d.sowjet.Rechtswiss.>
Aus: Vestnik akademii nauk SSSR. 1955/5. ÜR 763

Die öffentliche Verteidigung der Dissertation "Die volksdemokratische Republik als politische Form der Diktatur des Proletariats in der Tschechoslowakei" an der juristischen Fakultät der Moskauer Staatlichen Universität. Veřejná obhajoba disertace "Lidově demokratická republika jako politická forma diktatury proletariátu v Československu" na právnické fakultě Moskovské státní university [dt.] 27 S.
Aus: Právník. 1955/1. ÜT 271

3.Geschichte des Staates und des Rechts

Keine Eingänge

4.Geschichte der politischen Anschauungen

Keine Eingänge

5.Völkerrecht und Außenpolitik

Hajdu,G.:Das Völkerrecht des kalten Krieges. A hidegháború nemzetközi joga [dt.] 16 S.
Aus: Jogtudományi közlöny. 1954/9-10. ÜUn 84

6.Staatsrecht

Bartuška,J.: Die Amnestie - ein Ausdruck der Stärke und der weiteren Festigung unserer volksdemokratischen Ordnung. Amnestie - projev síly a dalšího upevnění našeho lidově demokratického zřízení [dt.] 6 S. [Betr. ČSR]
Aus: Rudé právo. 15.11.1955. ÜT 269

Czen Sju-fu (Tsen Sju-fu): Die volksdemokratische Macht - der Organisator der sozialistischen Wirtschaft. Narodno-demokratičeskaja vlast'-organizator socialističeskoj ėkonomiki [dt.] 8 S.
Aus: Voprosy filosofii. 1955/2. ÜR 748

7.Verwaltungsrecht

Pipek,J.:Zu einigen Fragen der allgemeinen Aufsicht. K některým otázkám všeobecného dozoru [dt.] 12 S. [Betr. ČSR]
Aus: Socialistická zákonnost. 1955/2-3. ÜT 275

8.Finanzrecht

Černy,V.: Die Aufgaben der Ständigen Haushalts- und Finanzkommissionen der Nationalausschüsse. Úkoly stálých finančně -rozpočtových komisí NV [dt.] 6 S.
Aus: Finance a úvěr. 1955/7. ÜS 60

9.Kolchosrecht,Bodenrecht,Landwirtschaftliche Produktionsgenossenschaften

Dumitriu,D.: Über die verschiedenen Formen der landwirtschaftlichen Genossenschaften. Despre diverse forme de întovărășiri agricole [dt.] 11 S. [Betr.Rumänien]
Aus: Probleme economice. 1955/3. ÜRum 35

Medve,Z.: Rechtsfragen der Hauswirtschaft des Genossenschaftsbauern. A háztáji gazdaság jogi kérdései [dt.] 32 S.
Aus: Jogtudományi közlöny. 1954/5. ÜUn 91

Spišiak,J.: Das Weideland - ein wichtiges Problem des Rechts der landwirtschaftlichen Genossenschaften. Pasienky - dôležitý problém rol'nicko - družstevného práva [dt.] 40 S. [Betr. ČSR]
Aus: Právny obzor. 1955/3. ÜS 64

10.Strafrecht,Strafprozeß

Andrejew,J.: Die Kodifizierung des polnischen Strafrechts. O kodifikacji polskiego prawa karnego [dt.] 37 S.
Aus: Nowe prawo. 1954/7-8. ÜP 305

Barna,P.: Einige charakteristische Merkmale des Rechtsbewußtseins in der Theorie und Praxis des Strafrechts. A jogtudat néhány jellegzetessége a büntetőjog elméletében és gyakorlatában [dt.] 15 S.
Aus: Jogtudományi közlöny. 1954/5. ÜUn 92

Horoszkowski,P.: Die allgemeinen taktischen Grundsätze der Vernehmung. Ogólne zasady taktyczne przesluchania [dt.] 36 S.
Aus: Nowe prawo. 1954/5-6. ÜP 297

Papierkowski,Z.: Der "Irrtum" im Entwurf zum Strafgesetzbuch. "Błąd" w projekcie kodeksu karnego [dt.] 8 S. [Betr.Polen]
Aus: Nowe prawo. 1955/5. ÜP 303

Remenson,A.L.: Über einige Fragen der allgemeinen Lehre von der Strafe im sowjetischen Strafrecht. O nekotorych voprosach obščego učenija o nakazanii v sovetskom ugolovnom prave [dt.] 40 S.
Orig.ersch.: Tomsk 1954. ÜR 765

Šargorodskij,M.(Schargorodski,M.): Verantwortlichkeit für Verbrechen gegen die Person. 101 S.
Orig.ersch.: Leningrad 1953. ÜR 760

Szabo,A.: Grundsätze des Jugendstrafrechts. A fiatalkorúak büntetőjogának evei [dt.] 23 S.
Aus: Jogtudományi közlöny. 1954/9-10. ÜUn 90

11.Kriminalistik,Gerichtliche Medizin

Keine Eingänge

12.Gerichtsverfassung

Bianchi,L.:Die Klassenstruktur der Geschworenen und Schöffen in der Slowakei während der Vormünchener Republik. Triedne zloženie porotcov a kmetov za predmníchocskej republiky na Slovensku [dt.] 62 S.
Aus: Právnické štúdie, 1954/4. ÜS 66

Breyer,S.:Die Übertragung von Rechtsstreitigkeiten der Landwirtschaftlichen Produktionsgenossenschaften an die ordentlichen Gerichte. Przekazanie sądom powszechnym sporów Rolniczych Spółdzielni Produkcyjnych [dt.] 14 S. [Betr.Polen]
Aus: Nowe prawo. 1955/4. ÜP 299

Névai,L.:Das Problem des Gerichtsrechts. A törvénykezési jog problémaja [dt.] 15 S.
Aus: Jogtudományi közlöny. 1954/9-10. ÜUn 87

Rek,T.:Erfolge und Schwierigkeiten in der Arbeit der Rechtsanwaltskollegien. O osiągnięciach i trudnościach w pracy zespołów adwokackich [dt.] 24 S. [Betr.Polen]
Aus: Nowe prawo. 1955/4. ÜP 295

Skorka,G.:Aussprache über das Gerichtsrecht. Ankét a törvénykezési jogról [dt.] 13 S.
Aus: Jogtudományi közlöny. 1954/9-10. ÜUn 86

13.Vertragssystem,Arbitrage

Dvonč,K:Die Novellierung der Regierungsverordnung, Gesetzessammlung Nr.47/1953, über die staatliche Arbitrage. Novelizácia vl. nar. č.47/1953 Zb.o štátnej arbitráži [dt.] 36 S. [Betr.ČSR]
Aus: Právny obzor. 1955/3. ÜS 62

Szpunar,A.:Der gesetzliche Charakter des Kontraktvertrages. Charakter prawny umowy kontraktacyjnej [dt.] 22 S.[Betr.Polen]
Aus: Nowe prawo. 1955/5.

14.Zivilrecht,Zivilprozeß

Bratus',S.N.:Eine neue Arbeit über Fragen des Zivilrechts. Novyj trud po voprosam graždanskogo prava [dt.] 18 S.
Aus: Vestnik akademii nauk SSSR. 1955/4. ÜR 754

Eörsi,G.:Einige Probleme der Kodifikation des Zivilgesetzbuches. A polgári törvénykönyv kodifikációjának néhány kérdése [dt.] 39 S.
Aus: Jogtudományi közlöny. 1954/9-10. ÜUn 88

Herczeg,I.:Die sozialistischen Grundlagen der Schadensersatzpflicht. A kártérítési felelősség szocialista alapjai[dt.] 28 S.
Aus: Jogtudományi közlöny. 1954/6. ÜUn 98

Laptev,I.(Laptjew,I.):I.V.Stalin über die Hebung des kollektivwirtschaftlichen Eigentums auf das Niveau des allgemeinen Volkseigentums als Bedingung für den Übergang zum Kommunismus. 9 S.
Aus: Pravda. 11.3.1953. ÜR 758

Marton,G.:Neueste Entwicklung in unserem Recht betreffend die Schadensersatzfrage. Kártérítési jogunk legújabb fejleményei [dt.] 30 S. [Betr.Ungarn]
Aus: Jogtudományi közlöny. 1954/6. ÜUn 96

Névai,L.:Zur Frage der Reform der Zivilprozeßordnung. A Pp reformjának kérdéséhez [dt.] 10 S. [Betr.Ungarn]
Aus: Jogtudományi közlöny. 1954/5. ÜUn 93

Rjanencov,V.A.(Rjanenzow,W.A.):Methodischer Brief über das sowjetische Zivilrecht. < Für d.Studenten d.jurist.Fernstudieninst.d. Sowjetunion.> 124 S.
Orig.ersch: Moskau 1953. ÜR 755

Simon,G.:Die Vollstreckung der Beschlüsse der Schiedskommissionen und Gerichte gegenüber staatlichen Organen und Unternehmen sowie gegenüber Genossenschaften. Döntöbizottsági és bírói határozatok végrehajtása állami szervek és vállalatok,valamint szövetkezetek ellen [dt.] 24 S.
Aus: Jogtudományi közlöny. 1954/5. ÜUn 81

15.Familienrecht

Keine Eingänge

16.Internationales Privatrecht

Keine Eingänge

17.Arbeitsrecht

Beckl, S.:Die Arbeit der Konfliktkommissionen. Az egyeztetö bizottságok müködéséröl [dt.] 18 S.
Aus: Bér és norma. 1954/6. ÜUn 89

Verantwortlicher Redakteur: Dr. Bellmann, Potsdam-Babelsberg II, Karl-Marx-Straße 2. Die Zeitschrift erscheint zweimonatlich. Der Bezugspreis beträgt pro Heft DM 3,70 zuzüglich Porto- und Versandkosten. Verlag und Redaktion: Akademie-Verlag GmbH., Berlin W 8, Mohrenstraße 39, Fernruf: 20 03 86, Postscheckkonto: Berlin 350 21. — Satz und Druck: (100) Akademie-Verlag GmbH., Berlin W 8 I/2/100/627/55.

FSC
www.fsc.org
MIX
Papier | Fördert
gute Waldnutzung
FSC® C083411

Kolibri 360 GmbH
Ferdinand-Jühlke-Straße 7
99095 Erfurt, Deutschland
produktsicherheit@kolibri360.de